Entre la pierre et la plume

De Akhenaton

La Face B (avec Éric Mandel), Don Quichotte, 2010 ;
Points 2011

IAM
Avec Baptiste Bouthier

Entre la pierre et la plume

Stock

Couverture Didier D. Daarwin – tous des K

ISBN 978-2-234-08934-1

Sommaire

IAM est né en 1988, à Marseille. Nous avons sorti dix albums, des projets parallèles et des solos, créé des inédits joués seulement sur scène ou jamais rendus publics, en tout plus de mille morceaux comme autant de poussières de galaxie. Tout au long de cette carrière de plus de trente ans, nous avons pris la parole mais nous nous sommes peu racontés. Il était temps de mettre à plat notre vision des choses, de décrire notre univers. Peut-être cela évitera-t-il que les autres le fassent à notre place.

Aujourd'hui ces mythomanes
Jouent les connaisseurs, je te garantis ils n'étaient pas là ces ânes
Même notre histoire ils vont inventer
Oublie cette merde, assieds-toi je vais te raconter la vraie

Concept

Faut que tu sentes l'aisance, rimes et assonances
Fais l'effort, capte le sens des textes à l'essence

I-A-M plus qu'un groupe, en fait logé
Au rang de leader du savoir et c'est
Avec un peu de logique, déduction mathématique
Inutile de lutter devant les poètes
de l'alliance afro-asiatique

IAM concept

L'univers d'IAM est riche et complexe. Il est constitué par la variété quasi infinie de facettes que sont chacun de nos morceaux, nos albums, nos pochettes, nos solos… Pour décrire à la fois la multitude de nos thèmes de prédilection et des formes prises par nos œuvres, nous employons souvent le mot « concept ». Ce n'est pas un hasard si c'est aussi le nom de notre tout premier enregistrement, dès 1989. Nous nous sommes toujours considérés comme un groupe conceptuel, avec des idées, des passions, un goût prononcé pour l'imagerie visuelle ou textuelle, et nous avons sans cesse cherché à partager cet univers avec notre public.

Il est compliqué de dessiner les contours exacts de cet univers, de résumer la diversité de nos concepts en quelques lignes. Mais chacun de nos morceaux pourrait probablement être rattaché à un des six piliers qui définiraient le concept musical d'IAM. Premier pilier : les morceaux engagés, qu'ils soient sociétaux ou politiques, qu'ils parlent du microcosme du quartier ou du macrocosme géopolitique. En deuxième, les morceaux teintés d'humour, et en troisième, les titres historiques ou spirituels. Le quatrième serait constitué des textes introspectifs, le cinquième de ceux où nous avons recours au storytelling, pour des morceaux « caméra à l'épaule ». Enfin, le sixième pilier relève lui d'une tradition ancienne de joute verbale, qui prend la forme de l'ego trip et du battle rap dans le cadre du hip-hop.

IAM, ce sont tous ces piliers à la fois, ce que le grand public a parfois tendance à oublier. Nous sommes dans la stricte tradition du hip-hop, en quête perpétuelle d'innovation et de renouvellement : *« En éclaireur dès qu'un nouveau sentier se présente / On tente, on risque en bref on drague la chance / On mise nos burnes à chaque manche »* (*Debout les braves*). Nous avons toujours été téméraires dans la création, ce qui implique des tentatives pas forcément abouties. Lorsqu'on prend des risques, on prend entre autres celui de créer des titres imparfaits, plus ou moins réussis : cela fait partie du jeu.

Mais c'est aussi ce qui permet de faire ce que personne n'a fait avant. *Ombre est lumière* est le premier double album de l'histoire du rap, avant même *All Eyez on Me* de Tupac. Un morceau de neuf ou dix minutes, ça n'existait pas dans le hip-hop avant *Demain c'est loin*. Le clip de ce titre est entièrement composé d'images réelles de la vie quotidienne au quartier, ce genre est devenu récurrent dans certains clips de rap, mais jamais aucun n'avait été tourné comme celui-ci. Nous avons été parmi les tout premiers aussi à sampler de la musique orientale, bien avant Timbaland. Il est important de rappeler tout ceci comme faisant partie de notre histoire.

Notre volonté première lorsque nous sortons un nouvel album est qu'il soit meilleur et différent des précédents. Cela peut sonner comme une évidence mais c'est bien la seule chose dont nous sommes sûrs lorsque nous commençons sa création. Différent, et en même temps dans la continuité des autres, cohérent avec ce que nous avons déjà proposé : une alchimie paradoxale dont nous ignorons nous-mêmes la recette. Chaque album est un nouveau concept en soi, une strate supplémentaire qui vient s'ajouter et compléter les précédentes, en adéquation avec son époque. *Revoir un printemps* est par exemple un album post-11 Septembre, cela s'entend dans les paroles et se voit sur la pochette, un tigre devant un monde en ruines : cela correspond à notre sentiment au moment de l'enregistrement, qui avait commencé le même jour que l'invasion américaine en Irak. *Saison 5* marque jusque dans son titre l'influence des séries sur notre imaginaire, très forte à la fin des années 2000. Quant à *Arts martiens*, il signe un retour à l'univers de *L'École du micro d'argent* en faisant figurer ladite école sur sa pochette.

Un parcours ouvert aux forceps depuis Concept
Nos vinyles classiques font briller ton set
La Part du démon

Ce souci d'innover ne se limite pas aux albums ; nous nous efforçons de glisser dans chaque morceau de nouvelles idées, des petites trouvailles, cela permet de les démarquer et, pour chaque titre, de proposer quelque chose que nous n'avons pas fait avant. Chacune de nos chansons a sa propre identité. Nous n'aurions pas pu durer aussi longtemps sans une telle variété de concepts. Un groupe de rap qui n'en a pas est voué à refaire sempiternellement la même chose... Ou à changer du tout au tout en quelques années, passer du rap orthodoxe à l'auto-tune : c'est la différence entre avoir son propre concept de base, une identité profonde, et un concept marketing de régie publicitaire qui oblige à en changer aussi souvent que la mode évolue. *« Pour de la truffe dans la salade, verse dans la balade / Tes vers ont fait le saut de Nas à la Callas »* (*MC tu perds ton sang-froid*).

En choisissant comme noms de scène Akhenaton, Imhotep, Kephren, Kheops et Shurik'n, en décidant d'appeler le groupe IAM, il était difficile d'être autre chose qu'un groupe conceptuel : la couleur s'imposait d'elle-même ! Notre musique a tout de suite été traversée par autre chose, parce que nous avions ce slogan, IAM, « je suis », « j'existe », déclinable à l'infini ou presque, dans le temps, dans l'espace... Chaque album, chaque pochette sont venus redéfinir ce que nous étions. Cela s'est fait naturellement : le concept du groupe n'a pas préexisté à celui-ci. Au départ, notre seul objectif était de faire de la musique, il n'y avait aucun calcul. De toute façon, à l'époque, le rap était embryonnaire en France : comment aurions-nous pu nous projeter ?

Shurik'n

Nous n'avons pas choisi de nous appeler IAM ni de nous rebaptiser Shurik'n ou Akhenaton parce que cela nous permettrait de développer ces thèmes-là dans notre musique, de faire des albums dans la veine asiatique ou égyptienne. Non, notre seule préoccupation était de nous trouver des noms qui nous plaisaient. Je me souviens aussi que nous avons réfléchi à la graphie de nos noms de scène à cause du tag, un élément de la culture hip-hop. Mais ensuite, ce choix a déclenché le reste. Nos noms reflétaient ce qu'étaient nos passions, les sujets omniprésents dans nos discussions. Ils sont alors passés dans nos textes d'allusions à références, voire pour certains devenus des piliers essentiels.

Malgré son nom, *Concept* ne définissait pas encore bien notre univers. Quelques éléments sont néanmoins bien installés par les treize morceaux de la cassette ainsi que sa pochette, entièrement fabriquée à la main par Akhenaton. Nous avons la volonté de nous y présenter, mais c'est encore incomplet à ce moment-là, d'autant que nous enregistrons alors pour la première fois et comme si c'était la dernière : nous étions surtout ravis de pouvoir le faire, sans aucune certitude sur l'avenir, et nous n'avions pas pour objectif de définir l'intégralité de nos concepts. Nous n'avons pas plus réussi à le faire sur *...de la planète Mars*, notre premier album studio sorti en CD, qui était surtout pour nous l'occasion de retravailler des morceaux sortis sur *Concept* – il y en a quatre en commun – et d'autres que nous n'avions pas retenus pour la cassette, ainsi que quelques nouveautés.

En revanche, nous y sommes parvenus sur le suivant, *Ombre est lumière*, l'album conceptuel d'IAM par excellence. On y retrouve les six piliers évoqués précédemment, et l'on pourrait même dire qu'ils ont été définis ici : *J'aurais pu croire* ou *Contrat de conscience* pour les morceaux engagés, *Le 7* ou *Pharaon reviens* pour les morceaux historiques et mystiques, *Une femme seule* pour l'introspection, *L'Aimant* pour le storytelling, *Bang bang* pour le battle rap traditionnel et enfin *Attentat II* ou la plupart des interstices de quelques dizaines de secondes pour les morceaux humoristiques. Le fait que ce soit un double album a bien sûr aidé : il y a 38 pistes en tout, soit 28 morceaux en enlevant les interstices, ça aide. Et encore, nous en avions maquetté près d'une centaine, il a fallu faire des choix drastiques ! *Ombre est lumière* est probablement l'album d'IAM rassemblant le plus fidèlement toutes les facettes de ce qu'a pu faire le groupe, aussi bien avant qu'après.

Mais dans les textes comme dans la musique, nous n'avons jamais cherché à délimiter volontairement nos concepts. Si, par exemple, les compositions d'inspiration asiatique sont récurrentes tout au long de notre carrière, ce n'est ni par calcul ni par obsession, mais par simple goût musical.

Quand Imhotep ou Akhenaton proposent un stock d'instrus, elles n'ont pas toutes une couleur asiatique, loin de là ; mais celles dont c'est le cas ont de bonnes chances de faire l'unanimité au sein du groupe… Et cela va *in fine* donner une couleur naturelle à nos morceaux, nos albums, notre discographie. *« Cet échantillon est bon, très bon / Mais pas assez bon pour Chill, il faut tout recommencer / Refuser, exiger, sélectionner, choisir, jusqu'à trouver le sample juste… »* (*L'Échantillon*). Il nous est beaucoup plus facile de suivre nos goûts musicaux pour trouver l'inspiration que de forcer l'écriture sur des compositions que nous apprécions moins.

Et nous ne calculons pas non plus à l'avance comment vendre nos titres ou nos albums, nous nous battons pour les vendre quand ils sont terminés et distribués. Notre processus créatif n'intègre aucune approche commerciale. Notre seule ambition est de produire des titres qui réalisent une symbiose entre composition et texte, aptes à s'inscrire dans la durée. Un morceau de rap lambda tient six mois sur une playlist. Nous avons de tout temps cherché à créer des morceaux qui traversent les époques. En plus de trente ans, nous sommes fiers de pouvoir dire que nous en avons signé quelques-uns : des titres à la fois hors norme et hors mode. *Demain c'est loin*, *J'aurais pu croire*, *Je danse le mia*, *Nés sous la même étoile*… Et ils ont pour point commun de ne pas avoir été créés dans ce but : leur postérité n'avait rien d'une évidence.

Alors appelle MTV et dis-leur de suite
que t'arrives
Et prie Xzibit pour que l'équipe
elle pimpe ta rime

Rap strict

Garder cette créativité et rester fidèles à nos concepts après trente ans de carrière est probablement l'un des challenges les plus importants du groupe aujourd'hui. Nous menons des vies radicalement différentes de celles de nos plus jeunes années, puisque nous sommes tous devenus des quinquagénaires pères de famille. Notre défi est de parvenir à rester innovants et concurrentiels face à de jeunes artistes qui, comme nous à leur âge, peuvent se consacrer à la création artistique vingt-quatre heures sur vingt-quatre, sept jours sur sept. Nous faisons tout pour y parvenir, et pour rester cohérent avec notre univers. Mais certains de ces piliers ont parfois vu leur importance diminuer. C'est le cas notamment des morceaux humoristiques, très présents sur nos premiers albums et devenus plutôt rares.

L'humour est pour nous fondamental : c'est la sauce qui permet de faire passer tout le reste, le bon ou le mauvais, dans la vie comme dans la musique. Il y a beaucoup de tendresse dans l'humour, le fait de se charrier, et cela structure bon nombre de relations humaines : entre nous, au sein du groupe, c'est un sport quotidien ! Nous vivons selon ce mode de fonctionnement depuis notre adolescence, et à ce niveau-là rien n'a changé malgré les années : cela correspond aussi à une forme de vie marseillaise, un esprit de village ou de quartier où tout le monde s'appelle par son surnom, s'alpague dans la rue… Cet esprit a glissé dans le concept du groupe : chacun d'entre nous a des dizaines de petits noms, et nous avons enregistré à titre exclusivement privé quantité de chansons moqueuses dédiées à l'un ou l'autre.

Cet état d'esprit, on le retrouve sur les nombreux interstices de *…de la planète Mars* et d'*Ombre est lumière*, mais aussi sur certains morceaux plus classiques de ces albums, notamment *Attentat*, *Elvis*, *Les je veux être*, ou encore *Attentat II* : *« Mais dis-moi, tu flingues de l'haleine, Zé ! / Ouvre la bouche et les accords de Genève sont violés / Ainsi que vingt résolutions sur les armes chimiques / C'est bien beau d'être artiste, mais la douche ça existe… »* Malheureusement, la lecture de ces titres par une bonne partie de notre public a été rendue impossible par le succès de *L'École du micro d'argent* : ceux qui ont découvert IAM avec *Petit frère* ne comprennent pas que ces morceaux amusants font aussi partie de notre univers. C'est pourquoi *Coupe le cake* a par la suite eu un accueil mitigé, notamment son clip, perché au millième degré : pas le droit à l'autodérision, même le temps d'un morceau.

Il aurait pu pourtant y avoir des morceaux amusants sur *L'École du micro d'argent*, mais ils n'ont pas franchi le stade des maquettes. C'est vrai pour la plupart des albums suivants : réussir une chanson drôle, c'est aussi difficile et rare que de réussir un bon film de comédie. Mais l'humour n'a pas pour autant disparu de l'univers d'IAM : il est resté dans les vannes émaillant parfois les morceaux, notamment dans l'univers du battle rap, qui s'y prête très bien. Il y a des exemples sur nombre de nos albums, jusqu'au dernier, dans *MC tu perds ton sang-froid* ou *Omotesando* : « *Ça se prend pour des kings mais ça va très vite abdiquer / Des criquets, c'est ce qui restera quand je cesserai de kicker / Eux qui pensaient que pour rapper, il suffisait de cliquer !* »

Les interstices, ces morceaux très courts qui rythment *...de la planète Mars* et *Ombre est lumière*, ont en revanche disparu, et c'est un regret. C'est en partie une question de place : à chaque album ou presque depuis, nous en avons en stock mais ils sautent, comme bien d'autres morceaux, parce qu'on ne peut pas tout faire rentrer sur un disque... Et c'est aussi une question de temps. Nous n'avons plus le luxe de pouvoir travailler d'aussi longs mois à la création d'un album que pour les deux où l'on retrouve beaucoup d'interstices, notamment *Ombre est lumière*. Au studio La Blaque, où nous l'avons enregistré, nous occupions entre autres notre temps libre en déconnant avec des instruments de musique qui traînaient là ou en se lançant dans des imitations de chanteurs de l'époque. Cela a donné *Alone tout seul for ever*, *Le slow de LAI t'es*, *Achevez-moi*, etc.

Cela nous venait naturellement, nous ne nous sommes jamais forcés à trouver des interstices humoristiques. La première partie du clip d'*Illuminachill*, un faux reportage où Shurik'n, Imhotep et Faf Larage disent avoir vu Akhenaton vendre son âme au diable et léviter, s'inscrit exactement dans cette lignée-là, preuve que nous n'avons pas arrêté de déconner ! Malheureusement, cette parodie pourtant explicite a, elle aussi, souvent été prise au premier degré...

Attentat violent au boulevard Michelet
Les sandwichs ont voltigé, aucun rescapé

Attentat

Comment seraient perçus les titres *Attentat* et *Attentat II* s'ils sortaient aujourd'hui ? On peut hélas penser qu'ils seraient en partie incompris eux aussi. Le concept d'« attentat » est un exemple des quelques expressions mordantes dont nous avons émaillé nos titres, particulièrement à nos débuts. C'est un emprunt direct au vocabulaire imagé du football, où un attentat est un tacle « assassin », « à la gorge », bref pas vraiment réglementaire. Mais les récents événements terroristes et la disparition du sens de la nuance rendraient cette lecture difficile désormais... Ces deux morceaux, au-delà de l'humour et des vannes, ont pourtant une portée sociale, puisqu'ils racontent comment des jeunes issus des milieux populaires – nous – vont mettre le bordel dans un lieu de la culture bourgeoise dominante, par rébellion. Ils seraient, de ce point de vue, toujours d'actualité.

C'était tout simplement notre vécu : ces deux morceaux sont des histoires vraies et un simple aperçu du décalage que nous vivions dans certaines situations étant jeunes. Lorsque dans nos quartiers étaient organisées des raves parties à cent francs l'entrée où nous n'étions pas les bienvenus – droit que nous nous arrogions tout de même. Ou lorsque nous avons déboulé au buffet VIP après le concert de Madonna, à Bercy, dont nous faisions la première partie, en 1990 ; que des gens bien propres sur eux, très kitsch, et dix morfals qui se précipitent sur les plateaux.

Une démonstration implacable du « style de la mouette », une autre de nos expressions que l'on retrouve sur *Un bon son brut pour les truands* et qui est aussi un morceau inédit joué uniquement sur scène, *Le Style de la mouette*. À Marseille, cet oiseau est indestructible : il tue les chats, les pigeons, les rats… Et dans les arts martiaux, il existe des styles inspirés de l'observation des animaux, comme la grue ou le singe. Nous avons donc créé le style de la mouette : manger tout ce qui se trouve à notre portée, se jeter à cinq sur une assiette ne contenant que trois gâteaux. Proverbe du style de la mouette : qui court quinze lièvres à la fois finit par manger des légumes.

Les expressions de ce genre sont nombreuses dans nos textes. Nous pourrions citer les « LAI », pour « laids absolument irrécupérables », une création de Soul Swing – Faf Larage et Def Bond – que nous avons amplement réutilisée : *« Bruce LAI, as-tu le charisme pour être moine ? »* (*Quand tu allais, on revenait*) pour se moquer des faux Bruce Lee du rap… Ou « chtebeuh », une onomatopée typique du Marseille de notre jeunesse : c'est en fait le bruit que fait quelque chose de lourd en retombant sur une table, et cela devient un synonyme de « génial » ou un adjectif qui amplifie. *« On veut de la musique, des paroles et pas n'importe quoi / Un rythme, des charleys, de la basse, une guitare / Des percus arabes et un ou deux riffs de sitar / Le tout bien mixé doit dégager de la chaleur / Qui se résume en deux mots : mmmh, chtebeuh !* » (*Laissez-nous danser*).

Akhenaton

Même *L'École du micro d'argent* doit son nom à un grand moment de déconnade. Fin 1995, on était avec Shurik'n et des amis dans les Pyrénées pour les vacances, sauf qu'il n'y avait pas de neige... Nous sommes donc restés enfermés toute la semaine et le réveillon du Nouvel An a tourné à l'exutoire : bataille de sarbacane toute la nuit ! Ceux qui buvaient avaient choisi d'appeler leur équipe « école de la bouteille rose », alors nous avons appelé la nôtre « école du micro d'argent »... C'était lié aux films de kung-fu que Shurik'n adore – à l'époque il était particulièrement à fond – et dont le scénario consiste souvent en des combats entre écoles. Et voilà, la plaisanterie a survécu à cette soirée, puisque nous avons ensuite choisi d'appeler l'album suivant *L'École du micro d'argent*, et que le morceau du même nom faisait partie des tout premiers que nous avons enregistrés.

Complexe, quand je débite mon texte
Habileté verbale me replace dans le contexte
Complexe

Nos expressions sont autant de concepts supplémentaires définissant ce qu'est IAM et notre univers. Toutes ne sont pas humoristiques, il en est aussi qui expliquent notre vision du rap, comme lorsque nous revendiquons une certaine complexité. On nous l'a parfois reproché, mais notre conception de la musique, c'est d'essayer de niveler par le haut artistiquement. Nous n'allons pas nous interdire de faire, par exemple, des parallèles métaphoriques comme sur le titre éponyme de notre dernier album *Yasuke* sous prétexte qu'une partie du public ne va pas les comprendre. Nous cherchons à faire des morceaux beaux, poétiques, qui transportent et par-dessus tout, que nous aimons et que nous assumons, dont le sens est profond, et susceptibles de durer dans le temps. Nous construisons nos pyramides.

Ces critiques durent depuis nos débuts, car nous avons toujours eu cette vision de notre rap. Nous prévenons notre auditoire dès *...de la planète Mars* : « *Je te conseille pour ton anniversaire / Si tu écoutes IAM, achète-toi un dictionnaire* » (*La tension monte*). Et nous enfonçons le clou sur l'album suivant : « *Tu ne pourras jamais comprendre ce texte / En isolant les mots de leur contexte* » (*Mars contre-attaque*). Depuis plus de trente ans, il se trouve toujours quelqu'un pour nous dire que nos textes sont trop compliqués, que nous sommes des intellos… À nos yeux, c'est absurde et nous refusons simplement de brader notre langage.

La complexité est aussi dans la technique des rimes et du flow, que nous appelons parfois « habileté verbale », ainsi que dans la musique. En fait, il faut comprendre le fait d'être complexe comme une exigence. Le son et la composition, c'est aussi connaître les fréquences, les zones… Et rien n'est plus complexe que d'être simple et implacable : il ne s'agit pas de faire compliqué pour faire compliqué, mais d'exiger un résultat abouti. Cela revient à rechercher une certaine qualité technique, basée soit sur des critères qui nous sont propres, soit sur ceux que la culture hip-hop nous a transmis. C'est par exemple parvenir à conserver une certaine complexité mélodique sur l'album *L'École du micro d'argent* tout en ayant des morceaux très aérés, exactement comme une décoration japonaise, à la fois soignée et épurée. Il est bien plus facile de charger la barque que de faire à la fois imagé, simple et direct.

Comme nous ne nous interdisons rien, cela nous conduit parfois à utiliser des expressions ou du vocabulaire peu communs. Il faut être un habitué de l'univers Marvel pour savoir ce que veut dire « adamantium » : *« Si t'es allé à la Fnac pour un titre en gélatine / T'es tombé sur le skeud en adamantium »* (*WW*). Il faut savoir que

« 361 » représente l'univers avec Dieu au centre (*« 361 degrés de connaissances / Le changement de cap fut l'amorce de ma renaissance »*, *Le Combat sans fin*) ; que « WW », expression marseillaise de notre jeunesse, signifie « tout neuf » parce que c'est ce qu'affichaient les plaques d'immatriculation provisoires des voitures neuves jusqu'à la fin des années 2000 ; que l'« architecte musical » Imhotep construit des pyramides sonores. À nos débuts, nous lui disions « envoie la pyramide » pour lui dire de lancer un morceau !

Nos textes sont constellés de *private jokes*, mais la plupart sont transparentes ou compréhensibles grâce au contexte. En les utilisant, nous voulons donner envie à notre public de pénétrer et s'approprier notre univers : on nous demande régulièrement des explications de texte. Nous savons qu'une bonne partie aime ce côté découverte, documenté, et c'est une pratique que nous aimons nous-mêmes avoir à l'écoute d'autres artistes. En tout cas, l'aspect cryptique d'une expression ne nous arrête pas au moment de la glisser dans un morceau. L'exemple parfait est *Je danse le mia* : lorsque nous avons créé ce titre, nous étions persuadés qu'il ne parlerait à personne en dehors des Bouches-du-Rhône, que l'univers qui y transpire serait bien trop méconnu pour le reste du pays. Et pourtant…

Si nous nous contentions de vouloir vendre des disques, nous prendrions évidemment moins de risques : des textes, des flows et des mélodies simples, sans se prendre la tête. Mais manier l'habileté verbale, c'est pour nous fondamental : « *Je siège à la table des chevaliers de la basse ronde / Noble confrérie de la rime profonde / Où chaque guerrier a sa spécificité / Chaque phrase est disséquée, soigneusement étudiée* » (*Quand tu allais, on revenait*). Nous essayons néanmoins de ne pas tomber dans un élitisme incompréhensible, d'avoir un art ciselé, travaillé, mais qui reste accessible.

La frontière est fine et nous l'avons parfois franchie malgré nous. Il nous est arrivé d'écrire des morceaux vraiment compliqués, *Aussi loin que l'horizon* par exemple, sur *Revoir un printemps* : « *Tout ce qui est visible est visable, vies, cibles et mirages / Défends avec ardeur tout ce qui est miscible et bizarre, consigne les visages / Émaciés, traits visibles héritages, missiles et sillages / Missive et visa, illisible épitaphe* ». Tout cet album, d'ailleurs, pèche un peu par sa complexité : de nombreux textes sont trop alambiqués et les rimes mériteraient souvent d'être allégées de deux ou trois syllabes. Nous avons probablement franchi à cette occasion la limite entre complexe et compliqué et c'est dommage, car il y a de belles compositions sur ce disque.

Qu'entre le pharaon
En cette fin de XXe siècle,
quel est le meilleur parangon :
Une masse hypocrite aux masques cubiques ?
Ou une poignée, au discours immobile
comme une cariatide ?

Contrat de conscience

Être droits dans notre conception du rap, fidèles à la culture hip-hop, tout en restant exigeants et modernes dans notre création, cela fait partie de notre ADN. Nous l'exprimons avec une de nos expressions-concepts qui a deux acceptions à la fois, celui du *Contrat de conscience*, un morceau d'*Ombre est lumière*. Ce contrat, nous l'avons d'abord signé avec le hip-hop : il fait que nous respectons la noblesse de notre art et de notre culture. Nous n'avons pas perdu notre sang-froid pour verser dans le sensationnel ou le lucratif, ou pour nous mettre à chanter avec l'auto-tune pour être « dans le vent ». La conscience, c'est ce qui nous permet de sortir un album et d'en être satisfait, qu'il rencontre le succès ou pas : nous sommes restés fidèles à la musique qui nous plaît, et c'est le plus important. Nous avons expliqué cette posture dans de nombreux morceaux, *Rap de droite*, *MC tu perds ton sang-froid*, ou encore *Rêvolution* : « *Fuck ces haineux et ces rageux, fâcheux quand le rap-jeu / Perd son "u" pour devenir du rap-je* ».

Mais le contrat de conscience est aussi un concept lié à notre propos sociétal. Il allie notre engagement avec le vécu personnel de chacun, des faits anodins qui, additionnés les uns aux autres, nous amènent à des conclusions sans appel. Dans le morceau *Contrat de conscience*, Shurik'n parle des réactions hostiles qu'une personne noire peut rencontrer en croisant quelqu'un dans la rue ou un contrôleur dans un train : pour respecter ce contrat, il s'agit de ne pas céder face à ces comportements et même de lutter contre eux, ce que nous avons toujours fait. « *Ils veulent fermer nos esprits, on fera sauter les scellés / On fera l'inverse de ce qu'ils disent, unis et pas isolés* » : jusqu'à notre dernier album sur *Remember*, avec Femi Kuti, nous avons prolongé ce concept dans de nombreux morceaux, *Dangereux*, *Nous*, *Ça vient de la rue*, *Tous les saints de la Terre*, *Géométrie de l'ennui*, *Monnaie de singe*, album après album.

L'utilisation d'expressions comme « contrat de conscience » pour exprimer nos concepts est récurrente dans nos textes car les formules courtes comme celle-ci sont souvent efficaces. Cela se rapproche de l'exercice de la *punchline*, même s'il faut sans doute se méfier de ce mot, utilisé un peu à tort et à travers et repris depuis longtemps bien au-delà du rap, en politique notamment. Nous ne trouvons que peu d'intérêt à les enquiller à longueur de rimes, sans que le texte n'ait de sens : un couplet rempli de *punchlines* se résume trop souvent à un alignement de phrases sans queue ni tête. *« Où sont les corps que leurs guns blessent ? Ils punchlinent ? Je punchtexte ! »* (*Comme à chaque fois*). En revanche, nous cherchons ce que l'on pourrait appeler des *stand-out*, ou bien des sentences : des phrases qui ressortent au sein d'un couplet ou d'un morceau.

Imhotep

Pour réussir à véhiculer une idée, il n'est pas forcément nécessaire de la simplifier au maximum pour être compris par tout le monde, au risque de perdre le sens premier de ce que l'on essaie de dire. Dans nos couplets, il y a souvent des phases qui se rapprochent d'un haïku : une poésie très courte, une double ou triple rime permettant d'exprimer quelque chose de très fort, de profond. Une idée qui marque l'ensemble du morceau et aussi celui qui l'entend. Souvent, c'est à un endroit stratégique : à la fin d'un couplet, ou bien en son sein mais dans un moment où l'instru marque une pause, ou un passage rythmique particulier. Une phrase coup de poing, qui choque ou fait réfléchir. Qui reste.

Joyaux, un rêve, plein les poches
Mais la cible est trop loin, la flèche ricoche
Le diable rajoute une encoche, trop moche
Les mecs cochent leur propre case,
décochent pour du cash
J'entends les cloches, à coups de pioche
Creuser un trou, c'est trop fastoche

Demain c'est loin

Parmi les nombreuses « sentences » qui émaillent les trente et quelques années de notre carrière, « Demain c'est loin » est probablement la plus célèbre. Ce n'était pourtant pas une expression que nous employions entre nous avant d'en faire le titre d'un morceau. Plus jeunes, à Marseille, on nous disait plutôt : « Tu grandis, t'oublies », dont le sens n'est pas très éloigné. « Demain c'est loin » est une expression restée dans l'imaginaire collectif et nous en sommes très fiers, d'autant que ce n'est pas la pire. C'est essentiellement grâce au succès qu'ont rencontré ce titre et l'album où il figure, *L'École du micro d'argent*, mais aussi parce qu'il s'agit d'un morceau marquant de neuf minutes, qui évoque une réalité, celle de la vie dans les quartiers, qui a malheureusement quelque chose d'intemporel : *« Le futur ne changera pas grand-chose, les générations prochaines / Seront pires que nous, leur vie sera plus morose »*.

Shurik'n

J'ai écrit mon couplet de *Demain c'est loin* sans savoir ce qu'il deviendrait alors que nous étions en train de mixer *Nés sous la même étoile* à Suresnes, fin 1996. Cela m'a pris à peine quelques heures, une après-midi, dans la cabine de voix que nous avions aménagée en salle d'écriture. À l'époque, je préparais déjà mon premier album solo, *Où je vis*, mais ce texte-là a plu à tout le monde et Akhenaton nous a dit : j'ai écrit quelque chose pendant l'enregistrement à New York qui collerait parfaitement. Son texte s'appelait *Tours de béton*, et les deux mis ensemble, on a trouvé que le morceau déchirait, alors Akhenaton a un peu rallongé son couplet, et on a décidé à l'unanimité de l'ajouter sur *L'École du micro d'argent*.

Ces mots tous simples, « Demain c'est loin », nous ont tout de suite paru forts. Ils renvoient à une urgence, une existence où l'on ne peut pas se projeter, et nous vivons dans un monde où la survie est hélas la réalité de beaucoup de personnes. Ce mode de vie leur parle, tout comme le texte du morceau en lui-même, qui dépeint le quotidien de la vie dans les quartiers, avec une oscillation permanente entre le positif et le négatif, les petits bonheurs de tous les jours et les ennuis à perpétuité. *« Musulmans respectueux, pères de famille humbles / Baffles qui blastent la musique de la jungle / Entrées dévastées, carcasses de tires éclatées / Nuée de gosses qui viennent gratter / Lumières orange qui s'allument, cheminées qui fument / Parties de foot improvisées sur le bitume / Golf, VR6, pneus qui crissent / Silence brisé par les sirènes de la police* » (Demain c'est loin).

Cela renvoie à un autre concept, celui de « l'aimant ». Nous appelions ainsi cette attraction impalpable et implacable qui, lorsque nous étions jeunes, nous ramenait immanquablement vers les ennuis ou notre quartier d'origine, quoi que nous puissions faire. L'utiliser artistiquement s'est vite imposé comme une évidence : *L'Aimant*, sur *Ombre est lumière*, raconte cette fatalité, de même que le film coréalisé par Akhenaton et Kamel Saleh *Comme un aimant*. « *Et quand je n'étais pas à la cité assis sur un banc / C'est le quartier qui venait m'étouffer... comme un aimant* » : c'était notre vécu au quotidien lorsque nous traînions en centre-ville, du côté du Vieux-Port ou de Felix-Pyat. Le concept de *L'Aimant* a en quelque sorte servi de prélude à celui de *Demain c'est loin*.

Le hold-up mental, pour avancer
et ne pas régresser
La révolution armée est dépassée, mais
Avec de l'intelligence le but est s'infiltrer
Ensuite observer pour s'intégrer et dominer
Hold-up mental

Parfois, une bonne expression en dit plus que tout un programme politique. Nous avons parmi nos concepts quelques tournures encore plus politisées, que l'idée de « hold-up mental » pourrait résumer. Nous avions créé ce concept au détour d'une rime et nous l'avons très rapidement décliné en morceau, dès 1991. Il est lié à l'art de la guerre, à l'héritage asiatique amené par Shurik'n dans le groupe : observer, s'adapter, dominer. Une technique de combat qui consiste à imposer ses idées sans avoir recours à la violence, à changer l'état d'esprit des gens par le verbe. C'est ce que nous avons réussi à faire avec *L'École du micro d'argent* : le succès de l'album a converti toute une génération de jeunes Françaises et Français au rap, leur a aussi fait découvrir une certaine façon de penser, une ouverture d'esprit. Malheureusement, c'est une technique qui a ses limites. Il suffit de quelques reportages orientés à la télévision ou d'un attentat pour anéantir tous ces efforts…

Nous pourrions citer de nombreuses expressions : « *Tout dans l'urne et rien dans les burnes* » (*Vos Dieux ont les mains sales*) ; le « *rêve d'évolution* » au centre de notre avant-dernier album *Rêvolution*. Ou la tirade pas toujours comprise d'Akhenaton : « *Y'a pas de degré d'inclinaison de mon corps / L'inclinaison de ma tête / Est une réponse directe à l'inclinaison de mon cœur* ». Ces paroles viennent de *Manifeste*, puis elles ont été en partie reprises dans *21/04*, deux morceaux écrits aux lendemains de fortes percées électorales du Front national. Cela signifie tout simplement que malgré ces résultats, nous ne nous résignons pas, nous ne baissons pas la garde face aux idées du FN, devenu RN (Rassemblement National). Notre approbation va à ce que notre cœur nous dicte : s'il ne se soumet pas, nous non plus, et nous restons donc stoïques, la tête haute.

La « part du démon » est une autre expression polysémique, qui désigne à la fois le traitement de certaines populations par les élites politiques et médiatiques et les miettes empoisonnées que la société daigne leur laisser. *« La vie est comme un gâteau posé là sur le béton / Ne reste que pour nous la part du démon »*. Les paroles du morceau décrivent bien ce processus d'exclusion systématique et ses ressorts. Comment les jeunes des quartiers ne se voient accorder aucune circonstance atténuante, comment leurs actes ne sont jamais analysés sociologiquement. Comment le gâteau est confisqué par une table à laquelle les populations pauvres ne sont pas invitées.

Kheops

La « part du démon », nous l'avons vécue jeune, avant nos premiers albums, mais aussi lorsque nous nous sommes invités parmi les artistes à succès. Tant que l'on se contentait de grappiller des bribes de droits d'auteur, ça ne dérangeait personne. Mais lorsque nous avons commencé à nous produire nous-mêmes en montant nos structures, et donc à gagner davantage d'argent, nous sommes devenus gênants. L'épisode des Victoires de la musique est aussi édifiant. En 1998, nous gagnons la Victoire de l'album de l'année pour *L'École du micro d'argent*, après avoir déjà gagné celle du groupe de l'année trois ans plus tôt. Le rap commençait à rafler de plus en plus de Victoires et ça grinçait des dents... Du coup, ils ont créé en 1999 la catégorie de l'album rap, histoire qu'on arrête de leur ravir leurs trophées !

Mises bout à bout, toutes ces expressions comme autant de concepts définissent une bonne partie de notre colonne vertébrale. Néanmoins, il serait réducteur de penser que toutes les facettes d'IAM s'y trouvent réunies. Les propos sociétaux et politiques sont certes centraux dans notre univers, mais ce serait écarter trop vite ses dimensions humoristique, historique, ou encore mystique et spirituelle.

Je délaisse un instant ce que vous
qualifiez d'utopique
Dans la position du lotus je vide mon esprit
Atteint le mushin, affûte ma perception
Laisse les ondes m'envelopper comme un cocon

Cosmos

La part de l'intime dans notre création est certaine, mais elle s'exprime d'autant plus lorsque nous abordons des sujets bien particuliers. La spiritualité en fait partie : il s'agit moins de la religion que des philosophies liées à elle, qui nous intéressent avant tout. Ou alors la religion, mais prise dans son sens étymologique : ce qui relie les hommes. Car à partir du moment où elle les divise, elle ne peut plus être considérée à nos yeux comme telle. Notre intérêt pour la spiritualité rejoint des questions existentielles que chacun se pose : quelle est notre place dans l'univers, que nous réserve l'avenir, *Où va la vie* ?

Dans le groupe, il y a autant de membres que de visions et de rapports différents à la religion : c'est quelque chose dont nous parlons peu, de très personnel. Akhenaton a évoqué dans plusieurs morceaux sa conception de l'islam, mais ce sont des sujets que nous avons abandonnés depuis un moment maintenant. En les abordant, nous voulions surtout parler de la beauté et de l'immensité des choses, mais la propension de certains à extraire les phrases de leur contexte pour leur faire dire ce qu'ils veulent et l'incompréhension que peut susciter ce genre de sujet ont fini par nous dissuader de poursuivre dans cette voie.

Le mysticisme et la spiritualité formaient un pilier essentiel d'*Ombre est lumière. « Que même dans ce rythme percutant on dénombre dans la mesure sept temps / Le plan formé par les points cardinaux coupé / Du segment céleste décrit bien le fait / Que les six points éloignés celui du milieu / Sont la majestueuse œuvre de Dieu »* (*Le 7*). Ces questions n'ont pas disparu de nos préoccupations, mais de notre création musicale ; ce n'est pas de l'autocensure, mais plutôt une façon de se protéger. Peut-être aussi notre créativité sur le sujet a-t-elle décliné. Nous avons parfois retravaillé cette veine sur des maquettes, celle de *Revoir un printemps* notamment, mais les morceaux en question n'ont pas été retenus. Nous avons le sentiment très net qu'un titre comme *Le 7* serait totalement incompris aujourd'hui, de même que *Cosmos*. Ce n'était honnêtement déjà pas des sujets très bien appréhendés au moment de la sortie d'*Ombre est lumière*. Nous en avons un tant soit peu conscience, et le but n'est tout de même pas de sortir des albums que personne ne comprendrait. Tant pis, nous gardons ces jardins pour nos vies d'hommes à défaut de pouvoir les partager dans nos vies d'artistes.

Akhenaton

C'est triste à dire, mais l'appauvrissement de la culture générale empêcherait aujourd'hui de bien comprendre certains de nos textes anciens,

notamment ceux qui évoquent l'islam. Nous avons milité un temps pour que le film *Le Message*, avec Anthony Quinn, soit diffusé en prime time sur France Télévisions afin que le grand public puisse avoir accès à une œuvre de vulgarisation de la religion musulmane, comme sont diffusés *Le Roi des rois* ou *Les Dix Commandements*. On peut voir ces films sur les religions juive et chrétienne aux heures de grande écoute, mais le grand public n'a toujours pas accès à une œuvre de vulgarisation sur l'islam. Pourtant *Le Message*, avec ses acteurs occidentaux, permet une lecture aisée à un public européen. Hélas, la religion musulmane est aujourd'hui aussi mal connue de la plupart des Français que l'hindouisme. Ils ignorent qu'elle a en réalité 99 % d'allèles communs avec le christianisme et le judaïsme.

La musique et l'écriture peuvent être une thérapie salutaire, pour nous comme pour nos auditeurs. Cela peut paraître cliché, mais c'est une réalité que nous connaissons bien, la plume est un exutoire. C'est le thème de *Rap warrior* sur *Yasuke* : « *Sourire dehors, quand t'es en vrac dedans, je sais le faire / Mon mal je sais le taire, du coup, je crache des couplets salutaires / Assèche mes glandes salivaires, je rappe à secouer l'univers* ». Notre rap prend parfois des airs d'auto-analyse, quitte à ce que cela soit difficile à comprendre pour notre public.

Chaque texte rassemble nos expériences personnelles, l'enfance, la souffrance, l'amour, la vie. Et nous avons parfois exprimé dans nos paroles des choses que nous n'aurions peut-être pas su dire autrement. C'est l'un des privilèges que cette vie rêvée nous a permis de connaître. Dans *Rap warrior*, Akhenaton évoque *« la feuille comme une thérapie »* : *« J'ai cinq vies, je pourrais raconter tant de choses / Mes larmes, je les collecte et je les bois au micro quand je pose »*. Dans *Renaissance*, Shurik'n parle lui de comment le rap a pu le transformer : *« Le jour où plein de trac j'ai agrippé le micro et que mes premières démos / Ont jailli de mes tripes, inondant l'assistance / Instant étrange, mais ce soir-là je suis né à nouveau / J'ai ouvert les yeux sur un autre monde »*. Nous avons une conscience aiguë de cette chance qui nous permet de vivre de notre art et de partager cette aventure magnifique avec la famille IAM. *« Assis à observer l'horizon / Besoin d'espace pour les rêves… »* (*Aussi loin que l'horizon*). Depuis trente-cinq ans, nous restons fidèles à ces rêves de gosses. Car ils nous donnent la force, au-delà de tous les malheurs du monde, d'espérer et de sourire.

Famille IAM

Ta famille tu ne la choisis pas
Mais les gens avec qui tu décides de vivre
Ça tu le choisis

On a ramené l'équipe au complet,
cette fois pour faire un disque
À ce moment-là, je ne pense pas qu'on réalise
Que c'est le début d'une épopée unique
Ou bien d'une longue histoire d'amour,
de potos, de famille, écoute

Once upon a time

Quand nos chemins se sont croisés pour la première fois à Marseille, grâce au hip-hop, nous n'étions que des adolescents. Nous avons décidé de monter un groupe sans savoir où cela nous mènerait, ni même tout ce que cela signifiait. De groupe d'amis, nous sommes devenus une deuxième famille, de celles que l'on se choisit pour s'épanouir dans la vie et connaître, autant que possible, le bonheur sans les désagréments de celles que l'on ne choisit pas. Nous nous connaissons par cœur, et surtout, nous avons la même vision sur la plupart des sujets, dans la vie comme dans la musique. Nous sommes sur la même longueur d'onde environ 95 % du temps, et nous n'avons pas besoin d'en reparler pour l'acter. Cela fait partie des acquis. Trente ans de vie ensemble ont construit ce socle commun.

La musique est à la fois l'élément originel et central de ces 95 %. Il faut y inclure notre activité en tant que groupe, évidemment, mais cela ne se limite pas à IAM. Nous passons notre temps, depuis que nous nous connaissons, à partager ou confronter notre vision, nos écoutes, nos découvertes. Le hip-hop nous a rassemblés au départ et encore maintenant, rien ne nous unit davantage. C'est même étonnant de voir comment parler de musique peut nous rendre soudain très sérieux, même si cela surgit dans l'une de nos joutes verbales permanentes, qui sont elles aussi un élément majeur de notre collectif. Il ne se passe pas une journée, pas une heure même, sans débat nourri de vannes et de mauvaise foi. C'est fondamental, car au-delà du plaisir de la joute et de la plaisanterie, l'humour nous permet de dédramatiser et, parfois, de vider nos sacs. C'est notre hygiène de communication.

Nous échangeons autour de bien d'autres choses encore comme le cinéma, les séries et les documentaires, pour lesquels nous avons tous grand appétit. Cette pratique permanente du partage nous nourrit artistiquement, comme une grande malle dans laquelle nous allons puiser pour créer nos albums, mais humainement aussi. Nous ne sommes pas un conglomérat d'artistes, nous sommes des amis devenus groupe de musique et sommes restés les deux à la fois pendant trois décennies. Comme le résume Shurik'n dans *Dernier coup d'éclat* : « *Un groupe de gars à leurs baloches bien accrochés / Soldats de Mars et j'ai l'honneur de combattre à leurs côtés* ». Avec les aléas, les hauts et les bas que tout groupe d'amis peut connaître, mais également l'immense plaisir qui va avec.

Il ne pourrait de toute façon pas en être autrement ; lorsque nous passons six mois de l'année les uns avec les autres en tournée, il faut forcément que l'humain coexiste avec l'artistique. Et cela ne s'est jamais démenti, y compris à de brefs moments où nous avons pu mettre le groupe entre parenthèses le temps de mener des projets solos. Ces expériences ont été riches, mais nous préférons, et de loin, travailler tous ensemble. Car nous aimons ce processus créatif et ce qui en découle, la vie de groupe, le partage. Fidèles à cette idée, nous considérons la discographie d'IAM comme étant un tout incluant aussi bien nos albums collectifs que les solos des uns et des autres.

Imhotep

Mon cas est différent, car j'ai produit à titre personnel des albums variés. Les deux *Chroniques de Mars* font par exemple partie de la discographie d'IAM, aucun doute là-dessus. Mais j'ai continué à produire en parallèle du groupe des projets instrumentaux marqués par le dub, qui était mon univers musical avant le hip-hop, comme en témoignent mes différents albums, de *Blue Print* à *Kheper Dub*. La différence tient également à la nature de ces disques. Quand Akhenaton ou Shurik'n font un album solo, ils y signent des morceaux en commun, alors que je fais très majoritairement des morceaux sans texte, ce qui permet moins facilement d'inviter les autres. Néanmoins, ces parenthèses viennent aussi nourrir mon inspiration au service du groupe, et donc enrichir notre travail en équipe.

Le sens du collectif se retrouve jusque dans notre mode de fonctionnement interne, qui passe par la démocratie la plus stricte. Lorsque nous devons prendre une décision relative à notre activité en tant que groupe, que ce soit sur un titre, un concert ou une interview, nous votons si le consensus ne se dégage pas naturellement. Nous sommes cinq, l'option qui reçoit trois voix est retenue, et c'est indiscutable. Cela fonctionne très bien, et de toute façon, ce serait ingouvernable autrement.

Lorsqu'on vit en communauté, il y a nécessairement des moments où l'on doit faire des concessions, prendre sur soi. Au cours d'une longue séquence de promotion d'un album, ou d'une tournée qui s'éternise plusieurs mois, il peut y avoir de la fatigue, un coup de moins bien, de la mauvaise humeur. C'est sans doute dans ces moments que de nombreux groupes ont fini par se fissurer, car c'est précisément là qu'il faut penser avant tout au collectif, et non à son propre bien-être. Cela nous a rendu bien des services, nous essayons de reléguer notre ego derrière l'intérêt du groupe. Cette philosophie n'est pas évidente à appliquer en permanence, car nous restons humains. Mais nous avons tous en tête qu'elle doit nous guider, surtout dans les moments difficiles. Le bien d'IAM doit passer avant nos humeurs.

Ce n'est pas avec ce son qu'on passera à la télé,
Scellées sont les portes, nous on reste hors de la mêlée

Fuck le refrain

Notre vie commune ne s'est pas étiolée avec le temps, elle aurait même tendance à s'être intensifiée depuis quelques années. Le rythme auquel s'enchaînent nos albums s'est accéléré ; *Yasuke* est sorti moins de trois ans après *Rêvolution*, qui était lui-même sorti un peu plus de trois ans après *...IAM*. Par le passé, il pouvait y avoir jusqu'à six ans entre deux de nos albums, par exemple entre *Saison 5* (2007) et *Arts martiens* (2013). Cela donne un rythme assez effréné : enregistrement en studio, sortie de l'album, tournée promotionnelle puis tournée de concerts, retour à la case enregistrement, et ainsi de suite. D'autant que nous avons aussi choisi depuis un moment de toujours garder un pied sur la scène, même en période de création et celà par goût des concerts autant que par commodité, car s'arrêter trop longtemps ne nous réussit pas. Comme une équipe de foot, nous avons besoin de travailler régulièrement nos automatismes, sinon nous rouillons...

La vie de famille est également contrainte par l'évolution récente de l'industrie musicale. Nos clips ne passent plus à la télévision, nous sommes peu diffusés en radio, et nous devons donc être proactifs dans la défense de nos disques, *via* la promotion médiatique et les tournées de concerts, sinon ils risqueraient de passer inaperçus. Mais ce rythme nous plaît, sinon nous ne le tiendrions pas. Quant à la fréquence des albums, la plupart des artistes sont concernés car la concurrence est telle qu'il faut très rapidement amener de la nouveauté. Auparavant, nous pouvions tourner pendant deux ou trois ans pour défendre un disque, ce n'est plus envisageable aujourd'hui. Dans le cas de *Yasuke*, nous l'avons aussi vécu comme un besoin collectif, notre dernière tournée était axée autour de la célébration des vingt ans de *L'École du micro d'argent* plus que sur la défense de *Rêvolution*, et nous avons rapidement ressenti l'envie de passer à autre chose, de retourner en studio pour créer à nouveau.

Le rap ne supporte de toute façon pas l'immobilisme. Notre art a ses règles et elles nous rattrapent. Nous ne pouvons pas nous permettre un break de dix ans en nous reposant sur nos lauriers, comme un groupe de rock ou de pop. Notre musique évolue très rapidement, elle se renouvelle constamment, et il est donc important pour nous d'accompagner ce mouvement. De montrer que l'on continue de créer des choses nouvelles, sur nos albums et ensuite lors de nos concerts en tournée. Nous ne voulons pas nous endormir et intégrer le casting de Stars 80, « *Alors tous les jours au laboratoire je bosse mes gammes / Pour donner le maximum une fois devant l'oratoire* » (*Omotesando*).

Il y a pourtant une incompréhension avec le grand public. Cela nous arrive régulièrement d'entendre des réflexions étonnées lorsque nous sommes en déplacement : « Vous vous reformez ?

Vous recommencez une tournée, c'est le retour d'IAM ? » Comme si nous avions cessé de faire de la musique depuis *Je danse le mia* et *L'École du micro d'argent*... Nous sommes pourtant l'un des rares groupes de rap français qui continue de tourner au bout de trente ans, et de remplir des festivals de 80 000 personnes. Mais nous ne pouvons pas lutter contre ça, c'est la caisse de résonance médiatique qui le veut. Nous ne passons plus sur TF1, M6 ou NRJ, et pour une bonne partie du grand public, cela revient à dire que nous n'existons plus. Pourtant, nous n'avons jamais cessé de sortir des albums et nos salles de concert sont constamment pleines, mais certains l'ignorent... Il faut l'accepter.

Crie au monde bien ceci, que « je suis »
IAM, Imperial Asiatic Men

IAM concept

Pour mieux comprendre notre famille, il faut d'abord savoir comment elle s'est construite. Akhenaton et Kheops ont été les deux premiers à s'associer, avec trois autres personnes, au sein d'un groupe baptisé Lively Crew qui s'est produit à Marseille entre 1984 et 1986. Mais le hip-hop est à cette époque moins une affaire de rap que de danse, où officient Kephren et Shurik'n. Lively Crew disparaît au bout de quelques concerts.

Kheops et Akhenaton, qui se font alors appeler Éric M et Chill Phil, reforment à l'été 1986 un nouveau groupe à eux deux, B-Boy Stance.

Akhenaton

Nous avons dû rester à deux environ six mois, le temps de deux concerts, car dès le début de 1987, je croise Shurik'n au métro La Rose. Il me dit qu'il écrit des morceaux avec son frère et qu'il voudrait me les faire écouter. Ça collait parfaitement, deux semaines après, nous avions déjà des projets de concerts. À trois, avec lui et Kheops, nous jouons alors régulièrement sur scène et surtout, nous commençons à composer des instrus, à préparer des premières maquettes, hélas sans échantillonneur nous appartenant. Dans ces titres, cependant, on reconnaît déjà l'ADN du groupe. Nous avons continué ainsi jusqu'à l'arrivée d'Imhotep, en 1988.

Nos rencontres ne sont pas fortuites. Au milieu des années 1980, le hip-hop à Marseille était représenté par pas mal de danseurs, quelques rappeurs et une poignée de graffeurs ; nous nous connaissions tous. Le noyau n'était qu'un pépin, nous étions proches par la force des choses, car nous étions peu nombreux à partager cette passion. *« Adolescent je n'étais pas le king de la night, non / J'avais mon groupe c'était le Criminosical / On traînait près des bars à putes à deux pas du Pussycat »* (*Les Raisons de la colère*) : nous faisions tous partie du Criminosical Possee, nom que nous avions donné au groupe de potes avec lequel nous nous sommes réunis pendant des années au métro du Vieux-Port.

C'est à ce moment-là, alors que nous ne sommes que trois, que nous choisissons de nous appeler IAM. Nous voulions un nom qui ne sonne ni américain ni hip-hop, pas comme B-Boy Stance et la totalité des noms de groupes encore balbutiants qui se forment et se déforment à cette époque. En choisissant IAM, prononcé à la française, « ayam », nous sommes dans cette idée-là tout en optant pour un nom atypique et qui nous ressemble. IAM renvoie à « I am a man », l'un des slogans majeurs des manifestations pour les droits civiques des Afro-Américains aux États-Unis, à la fin des années 1960.

La signification, la symbolique de notre nom est ce qui nous a motivés à le choisir. IAM, cela veut tout simplement dire « J'existe ». Phonétiquement, cela signifie aussi « Les jours qui passent » en arabe. Mais nous avions déjà en tête les nombreux jeux possibles avec l'acronyme. Nous l'avons décliné dans tous les sens par la suite, mais les classiques « Imperial Asiatic Men » et « Invasion arrivant de Mars », présents dans pas mal de textes, sont pensés dès l'adoption d'IAM. Ces noms alternatifs correspondent à notre imaginaire de l'époque, mais nous n'avons jamais hésité à les ressortir jusqu'à aujourd'hui, ils nous plaisent toujours autant.

Juste après avoir choisi de nous appeler IAM, Imhotep nous aborde à l'issue d'un concert à La Maison Hantée, à l'automne 1988, et nous propose de passer écouter quelques compositions de son cru. Mais un peu plus âgé que nous, il avait déjà une vie de famille et un emploi à plein temps. Pendant les deux ans qui ont suivi, il a donc dû faire cohabiter cette vie et son métier d'instituteur le jour avec ses activités de beatmaker la nuit. Il avait aussi un appartement, que nous avons allégrement squatté à défaut d'avoir un meilleur endroit pour nous réunir et créer. Car son entrée dans le groupe s'est faite naturellement, il apportait quelque chose que nous n'avions pas. Ainsi associés, chacun des membres avait sa place, son rôle, sa spécificité. Si IAM a pu se constituer si facilement, c'est en raison de l'atmosphère joyeuse qui s'est vite installée entre nous tous, mais aussi parce que chacun venait compléter l'autre artistiquement et techniquement. Et parce que les planètes se sont alignées. Début 1989, Imhotep nous a rejoints ; Kephren revient du service militaire et intègre le groupe, de même que Malek, tous deux comme danseurs ; le Massilia Sound System nous prête son enregistreur quatre pistes à cassette et nous faisons *Concept*. En quelques mois seulement, IAM est né.

Et Shurik'n et Chill fument le mic
et ça frappe man
Voici quelque chose pour abuser de ton walkman
Imhotep l'architecte est au contrôle musical
Le Shit squad

L'histoire de nos noms de scène est elle aussi sinueuse. Lorsque nous décidons de nous appeler IAM, il devient logique de prendre des noms en cohérence avec le concept que nous développons et donc avec nos goûts personnels. Pas de problème pour Shurik'n : il avait choisi le nom de cette arme traditionnelle japonaise dès qu'il était passé de la danse à l'écriture et n'en a jamais dévié, fidèle à sa passion pour les arts martiaux. Il avait avant les autres choisi un patronyme qui lui ressemblait. Étant tous deux passionnés de l'Antiquité et surtout d'Égypte ancienne, Akhenaton et Kheops choisissent donc logiquement les noms du pharaon monothéiste et de celui enterré dans la plus grande des pyramides de Gizeh.

Le ton était donné, et les suivants ont moins eu le choix. À son arrivée dans le groupe, Imhotep a été baptisé par les autres – avec son consentement :

ex-éphémère étudiant en architecture, le nom du bâtisseur des pyramides irait comme un gant à l'« architecte musical ». *Idem* pour Kephren, qui avait le choix entre les deux autres pharaons enterrés à Gizeh. Évidemment nous ne pouvions pas imaginer que ces noms nous suivraient encore plus de trente ans après, mais nous en avons toujours été fiers et leur grandiloquence ne nous gêne pas pour une raison très simple qui est que nous ne les avons jamais portés au premier degré, préférant garder une certaine distance avec nous-mêmes comme avec le reste.

S'il en fallait une preuve, c'est la présence récurrente de nos surnoms respectifs dans nos textes. C'est inévitable car il s'agit à la fois d'une spécialité de notre ville et de notre art ! Se rebaptiser les uns les autres est un trait culturel méditerranéen, qui peut faire partie du chambrage quotidien. Tout le monde a un surnom au quartier. Fort heureusement, tous les sobriquets que nous nous échangeons ne finissent pas dans nos morceaux… Ceux qui sont dicibles, eux, sont sur la place publique. *« Car je suis l'Overlord Shurik'n a.k.a. Chang-Ti »* (*Elvis*) : ils correspondent davantage à la culture hip-hop, où chaque membre d'un *crew* a ses *« a.k.a. »*, les *« also known as »*.

Plus âgé que les autres membres du groupe, Pascal alias Imhotep a rapidement été appelé

« Tonton » par les membres – encore plus jeunes que nous – de la Fonky Family, dans les années 1990, et le nom est resté. L'âge a aussi fini par rattraper Geoffroy alias Jo alias Shurik'n, rebaptisé « Oncle Shu » à peu près à la même époque. Akhenaton s'appelait lui « Chill » avant même de prendre le nom du pharaon, surnommé ainsi par le rappeur américain MC Serch lors d'un séjour new-yorkais, la sonorité proche de Philippe faisant le reste. Éric alias Kheops doit « Blondin » à sa couleur de cheveux et au personnage de *Le Bon, la Brute et le Truand*, tandis que pour François alias Kephren, Choa était une évidence. Il y en a bien d'autres, et nous concernant, on pourrait parler de sport national. On en retrouve d'ailleurs dans certains morceaux, encore faut-il être attentif…

J'ai pris pas mal de coups de poing, reçu pas mal de coups de main
Les deux m'ont fait avancer, malgré ces trous sur le chemin

Mosaïque

Autour du groupe ainsi créé, la famille a fini par se construire et s'agrandir, même si elle n'est pas si large que cela. Le cercle est d'abord artistique. Quelques personnes sont avec nous sur scène, nous suivent sur chaque tournée depuis parfois très longtemps, comme DJ Daz, ou bien Saïd : nous le connaissons depuis l'époque du métro et il est présent sur la plupart de nos derniers albums. Sur le papier, ces deux-là ne font pas partie du groupe IAM, mais ils le sont *de facto*, puisqu'ils nous accompagnent en permanence.

C'est aussi le cas de toute une équipe technique, une quinzaine de personnes, avec qui nous avons vécu beaucoup de choses et qui pour certains nous épaulent depuis les années 1980. Ou encore de l'équipe qui assure notre sécurité en concert, de Didier, Stéphane et Stephan de Tous des K avec qui nous travaillons sur notre identité visuelle (clips, pochettes, etc.) depuis nos débuts, de Prince Charles Alexander qui a mixé bon nombre de nos albums collectifs ou solos à partir de *L'École du micro d'argent*... Toutes ces personnes font partie de la famille IAM, parce qu'elles participent depuis longtemps à l'aventure. Nous restons fidèles à eux autant qu'ils restent fidèles à nous : c'est réciproque et surtout pas calculé.

Nos familles respectives font également partie du cercle bien sûr, et certains de nos proches sont même directement impliqués dans notre carrière. Le manager du groupe a longtemps été le frère d'Akhenaton, Fabien, et c'est aujourd'hui sa femme Aisha qui a pris la suite. Le frère de Shurik'n, Faf Larage, occupe lui aussi en tant qu'artiste une place particulière dans notre entourage. Nos routes n'ont cessé de se croiser, puisqu'il est présent dès 1991 dans *...de la planète Mars* et toujours là sur *Yasuke* en 2019. Il aurait même pu faire partie d'IAM : les deux frères rappaient ensemble à leurs débuts, mais Faf était simplement trop jeune, au moment de notre formation, et fréquentait encore le lycée. Sans cela, il aurait très probablement été l'un des nôtres...

Si nous nous sommes appuyés sur notre entourage dans notre carrière, c'est par proximité bien sûr, mais aussi par nécessité. En étant à Marseille, nous ne pouvions pas compter sur des compétences surtout présentes auprès des maisons de disques à Paris. Lorsque nous avons créé nos propres structures dans les années 1990, nous avons donc dû nous débrouiller et apprendre sur le tas à gérer tout ce qui entoure la création comme la comptabilité, la production, la paperasse en tout genre... Travailler en famille est devenu la normalité dans le rap, mais cela ne se faisait pas à l'époque. Nous avons improvisé, et les compétences sont venues naturellement, avec le temps. Si nous avions déménagé à Paris et construit notre groupe là-bas, peut-être les choses se seraient-elles organisées différemment.

Cette situation nous a nécessairement conduits à faire des erreurs et regretter des choix. C'est inévitable, nous ne nous sommes pas levés un matin en ayant appris par magie comment être artiste, entrepreneur ou producteur. Il ne faut pas oublier que nous étions des pionniers et que nous avons défriché la route sans toujours savoir où nous allions. Nous en parlons sur de nombreux morceaux, par exemple *Entre la pierre et la plume* : « *Méritants car oui, ces caravanes sont parties à vide / D'MRS la base a.k.a. "Mère patrie aride" / Plume sur silex, tout à coup la magie agit / La vie suit son cours bien attifée en machines à gifles* ». Dans ces circonstances, il est impossible de ne pas chuter en chemin.

Le plus important est de se relever et d'apprendre de ses erreurs. C'est même inhérent à notre condition d'artiste. Nous ne faisons pas un métier avec une tache prédéfinie, une mission précise à accomplir. La création est un processus complexe, parfois frustrant, où l'on peut travailler six mois pour rien puis réussir presque sans le vouloir quelque chose d'extraordinaire en une demi-matinée. Cela fait partie de la magie de notre métier mais cela doit être intégré et accepté par les gens qui nous accompagnent, sinon la collaboration ne peut durer.

Notre parcours artistique est chaotique, comment pourrait-il en être autrement en trente ans de carrière ? Nous passons notre temps à faire des choix, sans savoir si le chemin de droite est meilleur que celui de gauche. Cela veut dire aussi que nous nous sommes quelquefois trompés sur des personnes, à qui nous avons eu tort de faire confiance. À force de fonctionner à l'humain, cela a pu nous jouer des tours. Heureusement, cela nous a le plus souvent réussi. Et tant que nous prenons nos décisions par conviction, en fonction de ce qui nous plaît, de ce que nous aimons faire, peu importe si nous nous trompons ou pas : nous restons cohérents avec nous-mêmes.

En plein cœur d'une bataille un jour l'un de nous s'est écroulé
Qu'il en soit ainsi, rien n'est éternel
La félonie guette au détour de chaque ruelle

Spartiate spirit

Chaque famille a ses problèmes, ses accidents de parcours. Le départ de Malek – devenu Freeman – du groupe à la fin des années 2000 a beaucoup fait parler de lui, mais nous n'avons jamais voulu épiloguer dessus. Cela n'a pas toujours été bien compris. Beaucoup ont pu penser que notre silence était une gêne, qu'il cachait une blessure ouverte dont nous voudrions faire abstraction. La réalité est tout autre ; nous préférons laver notre linge sale en famille plutôt qu'étaler nos différends sur la place publique. Pendant vingt ans, Malek a fait partie du groupe où, après avoir été danseur, il est devenu à partir de 1997 un MC d'abord occasionnel, puis très présent, sur *Revoir un printemps* notamment. Nous gardons de très bons souvenirs de ces deux décennies au cours desquelles il a fait partie de notre famille ; comment aurions-nous pu vivre ensemble aussi longtemps s'il en avait été autrement ?

Mais peu à peu, au milieu des années 2000, nos relations ont commencé à se distendre. Cela ne s'est pas fait du jour au lendemain, plutôt sur quelques années. Nos conceptions de la vie, de notre musique, de comment la concevoir et la diffuser ont petit à petit divergé jusqu'à devenir trop différentes. Nous ne partagions plus assez de choses en tant que groupe, et la situation commençait à devenir trop compliquée à gérer, des deux côtés. Fidèle à son nom, Freeman a donc décidé de prendre son envol et de quitter IAM, à aucun moment nous ne l'avons mis dehors, *« pas un instant ne fut bafoué le sens du mot équipe »* (*Spartiate spirit*).

Malheureusement, son départ s'est accompagné de certains propos qui devaient de toute façon changer nos relations… Mais nous n'avons pas de problème avec cette page de notre histoire qui est le lot commun d'un groupe qui dure pendant trente ans. Et nous n'avons pas non plus de difficultés avec l'héritage musical que cet épisode nous laisse. Freeman n'a rappé que sur une période assez courte avec IAM, principalement de 1997 à 2003, et nous n'hésitons pas à jouer sur scène certains des titres auxquels il a participé en les réadaptant, comme *Independenza* ou *Un bon son brut pour les truands.*

Lève le bras si le son est là
La Cosca, ouais le crew est large
Et laisse-toi porter, le reste on le fait
Sur mixtape ou en live

Cosca crew party

Nous avons toujours eu à l'esprit l'importance de la transmission de notre culture. Dès que nous en avons eu la possibilité matérielle, nous avons cherché à développer d'autres artistes de Marseille et de la région, à travers nos structures respectives – Côté obscur pour IAM, Sad hill pour Kheops, Kif Kif pour Imhotep, 361 Records et La Cosca pour Akhenaton.

Les filiations sont multiples : Soul Swing, qui était composé notamment de Faf Larage et Def Bond, la Fonky Family, Tony & Paco, 3e Œil, les Psy 4 de la rime, Chiens de paille, Veust Lyricist, L'Algérino, Bouga, Saïd... Nous les avons tous produits, nous avons cosigné des morceaux avec chacun d'entre eux. Le succès de *L'École du micro d'argent* et l'industrie musicale encore florissante nous avaient permis à la fin des années 1990 d'investir, et nous l'avons d'abord fait dans la production d'autres artistes par l'intermédiaire de nos labels. Qui ont aussi permis de très nombreux projets collectifs, à l'image de *Sad hill* ou de *Chroniques de Mars*, où nous nous invitions les uns les autres, chose qui a totalement disparu aujourd'hui, à notre regret.

Kephren

À cette époque il y avait une grande richesse qui naissait à la fois de la coexistence de tous ces groupes, mais aussi de leurs interactions. Chacun avait sa patte, son style, et cela enrichissait les autres. L'esprit de développement artistique primait. Quand nous avons produit d'autres groupes, ce n'était pas dans un but de rentabilité immédiate. Le projet était artistique et humain avant d'être financier, c'était la volonté de donner la chance à de bons rappeurs d'enregistrer, d'être produits, de montrer au monde ce dont ils étaient capables. Pas de faire des millions à tout prix.

Nous sommes encore proches de la plupart de ces groupes, les Psy 4 sont par exemple en featuring dans notre dernier album sur *Self made men*, de même que Faf Larage ou Veust Lyricist sur *Fin des illusions*. Mais bon nombre d'entre eux, faute de succès parfois, ne sont tout simplement plus dans la musique aujourd'hui. Et notre aventure de producteurs s'est arrêtée en plusieurs temps, tantôt subis, tantôt choisis, la page étant définitivement tournée depuis 2012.

C'est une immense fierté d'avoir pu accompagner tous ces groupes, une histoire de famille magnifique. Elle nous a beaucoup appris et beaucoup fait mûrir, avec son lot de succès, de bonheurs, et quelques échecs. De 1997 à 2003, nous avons enchaîné projets personnels et productions d'autres artistes, grâce aux succès du groupe. Mais dans le même temps, nous n'avons signé aucun album sous le nom d'IAM. Il n'y a pas de regrets à avoir, notre carrière s'étale sur trente ans, elle est nécessairement faite de choix, de virages et d'étapes. Nous avons pris conscience au cours de cette période faste que ce qui comptait le plus pour nous, c'était IAM. Sans ces six années, aurions-nous vécu les vingt suivantes ?

À notre âge, nous aurions de toute façon du mal à nous investir autant dans la production d'autres groupes, à y consacrer la même énergie que lorsque nous avions quinze ou vingt années de moins. L'expérience nous a fait comprendre que nous étions des artistes avant d'être des producteurs. Alors la famille IAM continue son chemin. *Yasuke*, sorti en novembre 2019, est notre dixième album depuis *Concept*. Et toute cette histoire, ce n'est que de la joie. Ce n'est pas parce que nous avons signé il y a quelques années un morceau qui s'appelle *Si j'avais 20 ans* que nous sommes nostalgiques. La vie avance, l'âge aussi et les obligations vont avec, mais il ne faut pas en être malheureux. Le temps file mais il nous a donné raison : trente-cinq ans après nous être rencontrés, nous sommes toujours aussi proches, liés, et heureux de vivre notre passion du hip-hop ensemble.

Cinéma

La vie est un film
Où tout le monde a un rôle à jouer

Me voilà assis sur le siège passager
On va voir deux gars qui veulent nous rencontrer
J'allume une clope, me tourne vers Shams
Frérot pourquoi t'as pris cette caisse dégueulasse ?
Sombres manœuvres / Manœuvres sombres

Pour raconter une histoire et susciter de l'émotion, le rap doit être visuel. Nous avons très tôt intégré l'image à notre expression artistique, sans avoir besoin de nous forcer. Séances visionnage chez les uns et les autres, échanges permanents de conseils et d'avis sur tel film ou tel documentaire… Le cinéma fait partie depuis toujours de ce qui nous lie, et il tient une très grande place au rayon de nos influences. Notre discographie en témoigne, tant elle est traversée par de multiples références. Nous sommes des enfants de l'image, nous avons grandi dans les salles obscures et nous n'avons jamais cessé de nous en nourrir.

L'apport du cinéma à notre art est multidimensionnel. En concert par exemple, à part entre 2008 et 2013, nous avons toujours évolué sans musiciens sur scène. Dans ces conditions, il est nécessaire pour faire voyager les gens d'introduire une dimension supplémentaire à nos spectacles, *via* des accessoires, un univers visuel, des décors... Le but est que notre public entre plus facilement dans nos concepts, nos histoires. Parfois, cela permet même de magnifier des morceaux. Pour *Sombres manœuvres / Manœuvres sombres*, écrit comme un film sur l'album *Arts martiens*, nous avons tourné une vidéo avant tout destinée aux concerts. Sur scène, nous étions comme attablés dans un commissariat, tandis que l'histoire se déroulait sur écran géant derrière nous. Le mécanisme marchait si bien que la vidéo a davantage tourné sur Internet que celles des singles du même album.

Le cinéma a une influence directe sur nos compositions également. Outre les musiques et extraits de films que l'on a pu sampler et utiliser sur nos morceaux, la technique musicale du 7e art a pu nous inspirer. Sur notre dernier album *Yasuke*, *Omotesando* utilise par exemple une instru à thème très cinématographique, avec des ralentissements, des accélérations, une orchestration qui change… Ce genre de procédé permet de rajouter de la profondeur à la narration, de faire rebondir le récit, bref de rompre avec la linéarité et de se rapprocher du rythme d'un film, à l'échelle d'un morceau de musique. Cela donne des titres qui font vivre un album, en y variant les plaisirs.

Dans un autre registre, *Coupe le cake* est un morceau sur lequel nous avons multiplié les bruitages. Nous apprécions beaucoup ce procédé parce qu'il rend la musique immédiatement visuelle. Dans ce titre, les effets sonores prennent la place des mots, la rime est remplacée par une image mentale. Et cela fonctionne aussi bien dans des morceaux légers, amusants comme celui-ci, que dans d'autres traitant de sujets bien plus sérieux. *Demain c'est loin* est ainsi rythmé par quelques bruitages qui permettent de planter l'atmosphère avec efficacité. Sur scène, nous en jouons d'ailleurs une version qui en contient trois ou quatre fois plus.

Mais c'est peut-être dans l'écriture que l'apport du cinéma a été le plus fort. Au-delà de la joute verbale, des battles rap classiques, nous avons dès nos débuts eu envie d'élargir notre palette, d'explorer d'autres styles. Cela nous a conduits à de nombreux emprunts aux genres cinématographiques ; notre rap est tantôt du storytelling, tantôt caméra à l'épaule, tantôt documentaire, parfois un peu tout cela à la fois. Nous apprécions tout particulièrement ces exercices de style parce qu'ils permettent de raconter des histoires communes avec une poésie et un regard qui les élèvent. Un bon exemple est *Après la fête* : « *Après la fête on se fait la bise, on tombe dans les bras l'un de l'autre / On passe un instant et puis on se dit au revoir / Un mois file, un an ensuite, on s'appelle plus / Il faut croire que c'est ainsi, doucement on se perd de vue* ». Nous essayons de donner une dimension supplémentaire à des sentiments qui peuvent être simples, des situations que chacun a vécues dans sa vie, comme le ferait un bon film.

Shurik'n

Le cinéma nous a considérablement nourris dans l'exercice narratif. Il nous a aidés à installer des situations, camper des personnages, écrire des morceaux selon des points de vue différents… Je ne sais pas si l'on peut se targuer d'avoir inventé le storytelling dans le rap, mais c'est de toute évidence un style que nous pratiquons très souvent, par goût. Lorsque nous écrivons le texte d'un morceau avec Akhenaton, nous nous concertons pour savoir comment l'aborder. Quelle narration : première ou troisième personne ? Allons-nous être les narrateurs ou les personnages principaux de l'histoire ? Si l'on choisit des personnages, qui sont-ils, quels sont leurs traits caractéristiques ? L'idée est d'être cohérent,

d'aborder un sujet avec un regard particulier, défini, sans pour autant que nos couplets se répètent.

Marvel... c'est pas humain
Moitié homme, moitié fantastique
Quand je rappe, je vois les ions et les atomes
Ma rage augmente le pouvoir de ma plume

Marvel

Tous les récits nous intéressent, nous ne nous posons aucune limite dans le choix des sujets que nous abordons. Souvent, il y a un ancrage avec des histoires réelles. Mais ce peut être autour de thèmes très variés ; *Red, Black, Green* est né de la lecture de Cheikh Anta Diop, *Sombres Manœuvres / Manœuvres sombres* est une sorte de nouvelle tirée de faits divers. C'est à l'image de notre vision du cinéma, des documentaires et de la culture en général. Nous aimons tous types de films, tous types de sujets, notre passion est tous azimuts. Cela ne nous pose aucun problème de lire Diop un jour et d'aller nous éclater devant un Marvel le lendemain.

Spiderman, Thanos, Magnéto... Les personnages de Marvel sont des héros de notre enfance, dont nous suivions les aventures en BD dans des magazines comme *Strange*. C'est une influence commune à toute notre génération, on la retrouve dans le rap américain et plus généralement dans toute la culture hip-hop, le graffiti notamment. Et cela remonte à bien avant les premiers films de la licence, même si nous n'en ratons pas un seul, nous ne les avons pas attendus pour nous inspirer de cet univers. L'un des surnoms de Shurik'n est depuis toujours Serval – le nom français de Wolverine dans les magazines de notre enfance. Il arbore d'ailleurs ses griffes dans le clip de *La Saga*, en 1997 ; au même moment, l'entreprise Marvel est en faillite !

Malgré notre âge et le temps qui passe, nous restons des rêveurs. Et de grands amateurs de Marvel, hier les comics, aujourd'hui les films – d'une qualité variable hélas – d'autant qu'ils mettent en images nos souvenirs. Après de nombreux clins d'œil, nous avons fini par consacrer un morceau entier à cette passion. « *Serval, adamantium technologie, un quart homme, trois quarts animal / Bestial est le ton de ma rime / Sanglant sur les ondes, je lâche grave de rafales soniques / Un vrai mutant au mic', une exception génétique* » : *Marvel* est un ego trip transporté dans l'univers des comics où nous serions des super-héros « *assis sur un ramassis de MCs* ».

Ce morceau est avant tout une façon de s'amuser – l'enregistrement a d'ailleurs été un grand moment de rigolade. Mais si l'univers Marvel nous intéresse et nous inspire, ce n'est pas que pour son côté divertissant et son extension facile à notre musique : « *Tout comme Thanos, moi je viens piétiner des nano MCs* ». Quand Thanos tient le Cube cosmique dans sa main et élimine la moitié de l'univers, est-il bon ou méchant ? Son action est mauvaise, mais ses intentions sont bonnes. Ce contraste habite bien d'autres personnages de l'univers Marvel, Galactus ou Magnéto par exemple. C'est même un classique des fictions de l'après-guerre, qui posaient beaucoup de questions sur l'extinction de l'humanité ou sa folie destructrice.

Ces personnages ambigus, ces contrastes nous interpellent ; c'est là que se loge l'humanité. Un film, une série ne sont jamais aussi intéressants que lorsque les personnages y sont complexes, réfléchis, travaillés. Un exemple parmi tant d'autres, Tony Soprano, le parrain de la série du même nom, est tour à tour attachant ou odieux d'un épisode à l'autre. Malheureusement, ces contrastes sont souvent mal acceptés et notre société les tolère même de moins en moins, ce qui donne naissance à une fausse morale où il faut constamment être pour ou contre, choisir entre X et Y, sans avoir le droit d'être quelque part entre les deux. Nous ne prétendons pas détenir la vérité, nous conseillons simplement de se méfier des clichés. Et, dans notre musique, nous essayons souvent de les battre en brèche ; de ramener, sur un sujet, les trop simplistes réponses « blanc » ou « noir » dans un panier de gris.

Ces visions caricaturales ont beaucoup été véhiculées par le cinéma, à toutes les époques d'ailleurs. Pendant bien longtemps, les méchants des films étaient toujours des Noirs, des Indiens ou des Mexicains. Ils étaient systématiquement bêtes, méchants et habillés de couleur sombre. Aujourd'hui, les productions hollywoodiennes ont progressé sur le sujet mais lorsque nous avions 20 ans, au moindre personnage noir apparu à l'écran, nous pariions entre nous sur la minute à laquelle il allait mourir. Nous avons souvent cherché à souligner ces clichés que l'on retrouve dans le monde réel : *« C'est vrai j'ai longtemps cru le gentil c'est le pauvre / Et le richard est bon à jeter dans le coffre / La vie m'a montré que ce n'est pas la vérité / Et qu'on a notre lot de salauds dans le quartier »* (*Qui est ?*). Il ne s'agit pas de dire que les gentils sont méchants ou *vice-versa*, mais bien de reprendre conscience de l'existence des contrastes.

Millénaire, salive empoisonnée langue amère
Un Pilot V5 en tant que sabre laser
Quoi ? Ma conscience comme seule médaille
Je traque et j'étripe sans remords
tous les chevaliers Jedi

L'Empire du côté obscur

Notre emprunt sans doute le plus célèbre au cinéma est aussi l'un de ceux illustrant le mieux notre volonté de rompre avec la vision manichéienne du monde : *Star Wars*. Très tôt nous nous sommes inspirés de l'univers de la saga de George Lucas, par exemple en créant notre propre label Côté obscur en 1994. Puis, le temps d'un morceau, nous nous sommes placés pour de bon du *« côté obscur de la force »* : *« Le sombre monarque débarque et étale son pouvoir / La puissance de l'ombre s'installe... » L'Empire du côté obscur* est l'un de nos plus grands succès, pour lequel nous avions prévu d'utiliser le thème musical du personnage de Dark Vador. Malheureusement, ce sample nous a été refusé alors que son auteur, John Williams, a lui-même « samplé » Chopin ; les fameuses notes qui rythment les pas de Dark Vador ne sont rien d'autre que celles de la *Marche funèbre* inversées...

À première vue, *L'Empire du côté obscur* est un morceau freestyle, un ego trip où nous nous prenons pour Dark Vador et l'Empereur. Mais une fois le premier degré franchi, le texte dit en réalité bien plus, il est rempli d'ironie envers le manichéisme. Dark Vador incarne le mal, le côté obscur. Pourtant, est-il réellement mauvais ? Bien sûr, son régime est totalitaire, directement inspiré dans son esthétique et son organisation du fascisme et du nazisme. Mais nous nous efforçons d'aller au-delà de cette représentation, voir derrière ce qui semble être mauvais ou bon, et comprendre que le mal ou le bien absolus sont rarissimes sur notre planète. Voilà ce que dit ce morceau. Il faut remettre en question ce que la société nous présente comme fondamentalement bien ou mal, aller au-delà de ces représentations simplistes. *« Sois sûr que sous les feux / La vérité est masquée »*…

Et remettre en cause, aussi, un champ lexical loin d'être anodin. Couvert de noir de la tête aux pieds, « Dark » Vador vit dans l'Étoile noire et représente le côté obscur de la Force face au Jedi Luke Skywalker tout de blanc vêtu ; l'esthétique du film est on ne peut plus parlante. Et raccord avec notre vocabulaire de tous les jours, où l'humeur sombre et les journées noires tranchent avec la pureté blanche comme neige. Ces associations sont gênantes et problématiques, car elles continuent de véhiculer au sein de la société des schémas censés appartenir au passé. Cela n'a rien d'innocent, c'est une guerre sémantique et nous la menons consciemment. Dans *L'Empire du côté obscur*, nous tentons donc d'expliquer qu'il faut sans cesse ramener de la nuance, à la fois pour soi-même, dans nos propres réflexions, et dans la vie en société.

Les différents films de *La Guerre des étoiles* le font déjà très bien. Le côté obscur, c'est comme le revers d'une médaille, une face cachée que l'on refuse de montrer, qui que l'on soit. Or les représentations manichéennes pullulent et font de bon nombre de personnalités haut placées de gentils Jedi. C'est pourquoi nous affublons l'éternel maire de Marseille Jean-Claude Gaudin du surnom de « Luke Skywalker » dans *L'Empire du côté obscur*, il représente une caste de gentils dirigeants toujours propres sur eux, prompts à se montrer honnêtes, aimables et exemplaires, quand ils sont parfois très loin de l'être.

À l'inverse, le moindre fou qui soudain blesse ou tue quelqu'un en France est forcément un terroriste de Daech s'il a la bonne idée de crier *« Allahu akbar »*. En vérité, la plupart des personnes commettant des actes terroristes – ceux qui ont marqué la France ces dernières années, mais aussi les tueries aux États-Unis ou ailleurs dans le monde – sont très souvent des personnes souffrant de troubles mentaux, pas uniquement des endoctrinés enragés. Ces derniers existent bien, mais ils ne passent pas à l'acte ; ils se débrouillent pour trouver quelqu'un de fragile pour le faire à leur place. Malheureusement, cette analyse fait appel, là encore, à la nuance, et celle-ci est loin d'être à la mode. Les chaînes d'info se contentent de faire du storytelling, zappant sans cesse d'une actu à l'autre, et l'attention du public n'excède plus quelques dizaines de secondes par sujet. Dans ces conditions, mieux vaut avoir un discours simpliste et caricatural qu'un propos réfléchi et complexe. Le premier va faire mouche, le second passer à la trappe.

On joue dans un chanbara
La fierté la loi
Tuent comme un bon vieux Kurosawa

Samuraï

L'univers de *Star Wars* nous est cher. Mais sa présence au sein de notre discographie n'égale pas celle du cinéma asiatique. L'influence de celui-ci sur l'ensemble de notre œuvre est considérable. Qu'ils soient japonais, coréens, chinois, taïwanais ou hongkongais, qu'ils mettent en image des contes et des légendes traditionnels ou bien des faits et des personnages historiques, ces films nous ont profondément nourris. On y trouve bien souvent un sens de l'esthétique hors du commun, dans la photo notamment, ainsi que des bandes originales extraordinaires. Tan Dun, le compositeur des musiques de *Tigre et dragon* ou encore *Hero*, est un maître en son genre.

Adolescents, nous allions voir les films de kung-fu au cinéma Variétés, près du cours Belsunce. Ces films, souvent produits par les Shaw Brothers ou la Golden Harvest, ont été nos premières sources d'inspiration issues du cinéma asiatique. Loin des clichés, il s'agissait souvent d'œuvres de qualité. Tous les acteurs, à commencer par les deux stars de l'époque, Jackie Chan et Sammo Hung, sortaient de l'école du cirque de Pékin où l'on apprenait à la fois la comédie, les arts martiaux, le jonglage… Puis les films d'auteur sont évidemment venus s'y ajouter, au premier rang desquels ceux d'Akira Kurosawa, qui a servi de tremplin et de modèle à de très nombreux réalisateurs à sa suite.

Si nous avions tous vus des films d'arts martiaux jeunes, c'est Shurik'n qui a définitivement donné ce virus à tout le monde et installé le cinéma asiatique au cœur de l'identité d'IAM. Les séjours à New York pour les enregistrements d'*Ombre est lumière* et *L'École du micro d'argent*, dans les années 1990, y ont beaucoup contribué. À cette époque, on trouvait très peu de films chinois en France alors que dans les épiceries sino-américaines de New York, les rayons en étaient remplis. Ce qui a débouché sur des heures et des heures de visionnage et d'apprentissage… L'inspiration asiatique existait déjà au sein du groupe, elle s'est consolidée et étendue.

Ce cinéma nous nourrit par tous ses aspects. Dans sa narration on y trouve une poésie rare dans son récit des légendes antiques et des personnages historiques que nous essayons de reproduire. Dans son esthétique aussi et la pochette de *L'École du micro d'argent* est par exemple directement inspirée par *Ran*, de Kurosawa. *Le Secret des micros violents* est un titre librement inspiré par le film *Le Secret des poignards volants*, de Zhang Yimou : « *Ouvre le livre, envole-toi pour le début des temps / Jusqu'au lieu où les rimes se créent / Quand tu croiseras des gardes avec des poings dans les gants / Assieds-toi et écoute le secret* ».

Imhotep

La scène de combat sur les échelles en bambou d'*Il était une fois en Chine*, avec Jet Li, serait un assez bon résumé de tout ce que le cinéma asiatique peut nous apporter. Elle est visuellement superbe, avec une chorégraphie des combats quasi inégalable. Mais elle est aussi passionnante d'un point de vue auditif : la musique y joue un rôle très important, et peut-être plus encore les silences. À titre personnel, cela m'inspire dans ma façon de composer. Cela me rappelle qu'en musique, les silences, les pauses, sont aussi importants que le son. Dans les flows bien sûr, mais aussi dans nos instrus.

Terre stérile, guerre puérile
Et si tu perds la vie à Sad hill
Reposera ta carcasse de crevard
Tout près d'un sacré bon paquet de dollars
Sad hill

Si le cinéma asiatique a Kurosawa et Tan Dun, les westerns ont Sergio Leone et Ennio Morricone. Le réalisateur majeur des westerns spaghetti et son compositeur attitré ont donné naissance à plusieurs chefs-d'œuvre qui occupent une place de choix dans notre background culturel. Loin des westerns caricaturaux auxquels ils succédaient, ces films tiennent un propos capital, en mêlant notamment le rêve américain et la désillusion qu'il engendre. *Il était une fois dans l'Ouest*, *Pour une poignée de dollars* ou *Mon nom est Personne* sont autant d'œuvres remarquables.

Mais la plus complète réussite de Sergio Leone, c'est sans doute *Le Bon, la Brute et le Truand*, à ce jour encore le plus grand film de gangsters de l'histoire du 7e art. Très tôt, il nous a inspirés. Kheops s'est d'abord vu surnommé « Blondin », comme le personnage du « Bon », avant d'appeler son label Sad hill, comme le cimetière où a lieu la fameuse scène finale. Akhenaton a parodié le film dans le clip de *L'Americano* dès 1995, puis *Un bon son brut pour les truands*, sur l'album

L'École du micro d'argent, y fait de nombreux clins d'œil : « *Cerveza dans la pogne, reconnais : c'est moi Sentenza / J'espère que t'es rapide, kid, ou ton beat est un bide, un flop / Si tu viens me tuer, ne raconte pas ta vie mec* ».

Avec l'album *Sad hill*, signé par Kheops mais auquel nous avons tous participé, notamment sur le morceau du même nom, la référence est allée encore plus loin. Nous avons abandonné nos noms de scène habituels pour prendre l'identité des personnages de Sergio Leone ; Blondin pour Kheops bien sûr, Sentenza la « Brute » pour Akhenaton, mais aussi Joe l'Indien, un personnage de *Et pour quelques dollars de plus*, pour Shurik'n. La pochette de l'album est d'ailleurs un détournement de l'affiche de ce film, avec nos têtes à la place de celles de Clint Eastwood et compagnie. À force de voir et de revoir ces westerns, ils ont fini par infuser totalement en nous. C'est encore dans cette veine que s'inscrit le morceau *Eldorado* sur notre tout dernier album.

Nous les avons tous vus enfants puisque c'étaient les grandes affiches de l'époque, sans toujours bien comprendre leur dimension réelle. Nous nous amusions surtout de la crapulerie des personnages, de leurs coups tordus et de leur attitude outrancière. C'est en les revoyant une fois adultes que nous avons compris… et basculé.

Un film comme *Le Bon, la Brute et le Truand* est une chronique moderne brillante de trois types de banditisme différents, très facile à transposer dans d'autres contextes comme celui de la mafia en Italie à l'époque de sa sortie ou celui de notre univers urbain des années 1990. La séquence où les soldats de la guerre de Sécession perdent leur vie à prendre un pont qui ne sert à rien est aussi une critique ouverte de la guerre du Vietnam.

S'emparer de cet univers est donc naturel pour nous et nous apprécions autant la forme que le fond. C'est même du pain bénit, car entre la musique de Morricone et les dialogues légendaires, il y a beaucoup de matière utilisable et de sources d'inspiration. « *Le monde se divise en deux catégories, ceux qui ont un pistolet chargé, et ceux qui creusent. Toi, tu creuses* » ; « *Quand on tire on ne raconte pas sa vie* » : ces répliques du film sont comme des dictons que l'on peut aisément sortir du contexte d'un western et ramener dans la vie quotidienne, toutes couches sociales confondues.

Au cœur des différents films de Sergio Leone, les compositions uniques d'Ennio Morricone ont très probablement contribué à nous marquer, dès l'enfance. La musique était à l'époque un personnage à part entière. Que ce soit au cinéma ou dans les séries, l'on y apportait un soin tout particulier, en développant des thèmes par personnage ou par lieu… Aujourd'hui la musique est hélas devenue la plupart du temps anonyme dans les films.

Morricone sublimait les œuvres de Sergio Leone, mais le réalisateur n'était pas en reste. Il a évidemment révolutionné le genre du western, mais cela va même au-delà, son arrivée dans le cinéma nous avait fait l'effet d'une bombe. Des personnages du Far West sales, vulgaires, malhonnêtes et donc réalistes, des plans très serrés sur les visages, les mains, ou au contraire très larges, onze minutes sans un seul mot au début d'*Il était une fois dans l'Ouest*… Leone est un punk, tout ce qu'il a amené était du jamais-vu, et parfois même du plus vu par la suite. En fait, il a une conception du cinéma très proche de notre conception du hip-hop. Il joue avec les codes, il va à contresens de ce qui existe déjà, il crée des choses inédites, tout cela nous ressemble beaucoup.

Al Capone, Baby Face, Scarface,
rois de l'homicide
Beaucoup voudraient bien voir leur nom
en fin de liste
Et perdre ainsi le sens des réalités car en fait
Avoir les yeux plus gros que le ventre n'a jamais
rien donné

Bang bang

Grandir avec des films et ne comprendre ce qu'ils disent réellement que quelques années après, cela ne nous est pas arrivé qu'avec Sergio Leone. Nous pourrions également citer l'exemple de *La Fièvre du samedi soir*. Au premier abord, c'est simplement un film de danse qui faisait fureur lorsque nous étions dans les cours de récréation. Or le propos est aussi social ; comment un jeune d'origine italienne vivant à Brooklyn tente de s'en sortir alors que tout semble jouer contre lui. De la même façon, *Scarface* nous a d'abord plu pour son personnage principal, Tony Montana.

Kephren

C'est surtout pour son comportement, notamment au début du film, que nous nous identifions à Tony Montana. C'est un immigré sans le sou et à l'humour un peu gauche. Il est maladroit, il ne sait pas comment s'y prendre pour draguer en boîte... Quand il commence à gagner de l'argent, il s'achète une Cadillac jaune aux sièges en peau de zèbre, persuadé que c'est la grande classe alors que c'est immonde. En fait, on avait l'impression de se voir à l'écran !

Tony Montana résonne sans doute dans la tête de tous les enfants issus de l'immigration et en quête de réussite sociale. Car voilà le propos majeur de *Scarface*, qui comme *Star Wars* ou d'autres œuvres fait appel à la réflexion et à la nuance. Le sujet est posé dès l'affiche. On y voit Tony Montana, joué par Al Pacino, sur un fond divisé en deux, noir d'un côté, blanc de l'autre. L'histoire d'un méchant, d'un voyou, qui a parfois les meilleures raisons du monde d'agir comme il le fait : s'en sortir avec les siens. *Scarface* est une référence évidente pour nous et pour bien des populations issues des quartiers car c'est un modèle fulgurant, brutal et tragique de réussite sociale. À l'image de ce que pourrait être aujourd'hui le fait d'être footballeur professionnel ou rappeur, une ascension immédiate à laquelle on aspire, peu importe le prix à payer.

Car la réussite de Tony Montana est bien sûr crapuleuse et sa fin tragique. Mais c'est hélas l'un des seuls modèles d'ascension économique rapide, si ce n'est le seul, que propose la société actuelle pour quelqu'un issu des classes les plus défavorisées. Un modèle certes désespéré, mais un modèle quand même. Partir de rien et prendre tous les risques pour arriver tout en haut ; *Scarface* est un film qui passe les générations et suscite des vocations. Ceci dit, Tony Montana a eu beaucoup d'aïeux et de descendants. Avant lui, la mafia américaine pouvait susciter le même genre de fascination avec des personnages comme Al Capone ou Lucky Luciano. Depuis, la réalité a dépassé la fiction et les nouveaux mythes comme Pablo Escobar ou El Chapo sont légion.

Les allusions à *Scarface* émaillent notre répertoire, que ce soit par des extraits de dialogues samplés ou scratchés ou directement dans nos textes : « *Tomber les femmes à l'aise comme Manny / Sur* Scarface, *je suis comme tout le monde : je délire bien / Dieu merci, j'ai grandi, je suis plus malin, lui il crève à la fin* » (*Demain c'est loin*). C'est une référence universelle dans le rap, qu'il soit français ou américain ; Nas, Jay-Z, bien d'autres encore ont évoqué Tony Montana. Mais quand ils allaient, on revenait. Dès 1990, nous avons été les premiers à nous inspirer de ce film pour notre titre *Le Livre de la jungle*.

J'me sens comme Travolta
qui va au 2001 Odyssey
On est des Tony Manero du rap
La passion ? Un large vécu
Y'a les Bee Gees qui chantent quand on marche dans la rue
Tout c'qui compte c'est la… Musique !

Musik

Nous nous sommes emparés de *Scarface*, de *Star Wars*, des films de Sergio Leone, de ceux d'Akira Kurosawa… Notre passion pour le cinéma l'explique, mais en partie seulement. En réalité, c'est aussi consubstantiel à ce qu'est le rap, au-delà du strict cas d'IAM. Le hip-hop est fondamentalement ancré dans son époque, dans l'image, dans les tendances du moment. C'est pour ça que nous avons également pu nous amuser avec le Mordor du *Seigneur des anneaux* sur *IAM Official mixtape* et que le rap multiplie les références aux grandes séries à succès comme *Game of thrones*, *The Wire*, *Les Soprano*...

Idéalement, nous aurions voulu pouvoir nous emparer de bien d'autres univers encore, mais entre les questions de droits d'auteur autour du sample et les sons parfois introuvables, nous n'avons pas toujours pu aller au bout de nos idées. De nombreuses séries de notre jeunesse proposaient, au-delà de leurs génériques, des musiques que nous aurions rêvé de pouvoir sampler au cœur de leurs épisodes : *Mannix*, *Kojak*, *Le Flic de San Francisco*... Malheureusement, ces sons étaient absolument introuvables, et à cette époque l'on ne pouvait pas récupérer un son en deux clics et trois secondes sur Internet. C'était la débrouille ! Nous n'avons pas de regret, cela fait partie du jeu dans l'art du digging, il y a ce que l'on arrive à dégoter et ce qui demeure introuvable.

Kheops

Un jour par exemple, je suis resté scotché sur une musique qui passait dans un épisode de *Chapeau melon et bottes de cuir*. Il me la fallait absolument, mais comment la retrouver ? Ce genre de défi était permanent. On pouvait regarder tranquillement une série et d'un coup, par déformation professionnelle, bloquer sur le fond sonore, et ça n'est pas allé en s'améliorant au fil des années ! Les épisodes de *Starsky et Hutch* regorgeaient notamment de perles que j'aurais rêvé de pouvoir utiliser. Mais c'était impossible, il y avait systématiquement un personnage pour parler au milieu du breakbeat, c'était à te rendre fou. Or les bandes originales de la série n'existaient pas, et n'existent d'ailleurs toujours pas.

Aujourd'hui, nous rêverions d'un beau projet qui mêlerait cinéma et musique. À vrai dire, ce ne sont pas forcément les propositions qui manquent, mais plutôt celles de qualité. Trop souvent au cours de notre carrière, nous avons été approchés pour des projets où notre nom servirait de caution à tout, mais dont nous n'aurions eu aucun bénéfice artistique à tirer. Heureusement, nous avons parfois des opportunités inattendues qui nous comblent. Lorsque *Wolverine : le combat de l'immortel* est sorti, en 2013, la production de ce film Marvel nous a contactés dans l'optique d'une collaboration. Or nous avions précisément le titre *Marvel* qui allait sortir sur *Arts martiens*… Du coup, ils nous ont mis à disposition des images du film, et nous avons pu les utiliser dans le clip du morceau. Voilà un échange de bons procédés dû au hasard, puisqu'ils ignoraient que nous avions écrit ce titre. Nous étions ravis.

L'un de nos rêves les plus fous a même failli voir le jour avec un album concept autour d'Ennio Morricone. Rempli de musiques signées par le compositeur des films de Sergio Leone, sur lesquelles nous aurions posé nos textes. Les maquettes étaient faites, il ne restait plus qu'à enregistrer… et à acheter les droits d'auteur. C'est là que l'affaire a capoté. Car les droits des musiques de Morricone sont éparpillés aux quatre coins de la planète cinématographique. Il est donc parfois difficile de bien comprendre qui détient quoi, et surtout, les tarifs sont d'une tout autre dimension que ceux habituellement pratiqués en musique. Quand huit secondes de sample coûtent la moitié du budget de l'album, rien n'est possible.

Akhenaton

J'ai de mon côté connu deux projets concrets de réalisation. Le premier est *Comme un aimant* (2000), que j'ai coréalisé avec mon ami Kamel Saleh. Volontairement produit avec un petit budget, ce qui était sans doute une erreur, le film a fait plusieurs centaines de milliers d'entrées. J'ai beaucoup appris sur le fonctionnement étrange du cinéma et des studios de production à cette occasion, y compris pour le financement et les rétributions... En revanche, la bande originale a été l'une des meilleures expériences studio de ma vie puisque j'ai eu la chance d'y réunir quelques légendes de la soul comme Marlena Shaw, Millie Jackson, Isaac Hayes ou Dennis Edwards. Dix ans plus tard, j'ai monté un autre projet avec Didier D. Daarwin, un téléfilm cette fois, *Conte de la frustration* (2010), avec Omar Sy, Leïla Bekhti ou encore Roschdy Zem. Il s'agit d'un conte musical où tout l'audio – dialogues, musique – est en fait un album. Une expérience géniale.

Les projets avortés et les propositions décevantes liés au cinéma ne nous pèsent pas, d'autant qu'il s'agit souvent de projets complexes, difficiles, coûteux et où le rap n'a pas toujours une place importante. La priorité à nos yeux reste notre musique. Tant que nous nous éclatons au sein d'IAM, nous n'avons pas besoin d'autre chose pour vivre. Nous avons tous, individuellement, vécu des expériences qui nous ont un peu éloignés de la musique. Et chaque fois, elles nous ont rappelé en écho ce que nous préférions par-dessus tout, créer, avoir de l'inspiration, rapper. Faire ce que l'on sait faire de mieux et en complémentarité, c'est la force du collectif IAM.

Langue & argot

On jacte comme on rappe
On rappe comme on parle

Chacun les siens, chacun son héritage
Chacun sa façon de dire ici tout est
question de dosage
Aussi précieux ou dangereux soient-ils
C'est par eux que j'existe, toutes ces rimes
Au final ne sont que des mots…

Les Mots

En trente ans à écrire les textes de centaines de titres, nous avons développé une langue et un vocabulaire qui nous caractérisent, donnent corps à une « patte » IAM. Il ne s'agit pas d'une création consciente, et ce langage ne nous appartient d'ailleurs pas. Le rap utilise un langage très proche de l'oralité et il y a de fortes similitudes entre les paroles de nos morceaux et notre langage parlé. Nous sommes la plupart du temps les propres narrateurs de nos textes, et il est logique que nos traits de caractère y transpirent, à commencer par notre façon de nous exprimer.

Nous avons du coup conscience que les mots que nous employons ne sont pas toujours compris par tout le monde. C'est la raison pour laquelle nous avions inséré des petits lexiques dans nos premiers albums. « *Échelle de Richter = Lorsque vous atteignez 9, votre maison est un total Kheops* » ; « *La déchirure = Personne très opérationnelle* » ; « *32 = Personne qui arrache – Roulade* ». D'accord, ce n'était pas forcément très éclairant… Nous nous amusions même d'être des enseignants très particuliers de français dans un des interstices d'*Ombre est lumière*, baptisé *La Méthode Marsimil.* On y entend les progrès accomplis par notre ingénieur du son américain Dan Wood, qui ne parlait pas un mot de notre langue en arrivant, « *après deux mois de travail acharné avec IAM à Marseille* ». Résultat garanti, du plus pur style marseillais !

À force d'utiliser la langue dans toute sa richesse, nous avons fini par lui dédier un morceau entier en 2007, *Sale argot*, dans lequel les choses sont clairement énoncées : « *On rappe comme on parle / On parle cet argot issu des marches, des trottoirs* ». Le texte multiplie les emprunts au parler populaire et le dernier couplet est même rappé par Akhenaton en louchébem, l'argot traditionnel des bouchers qui date du XIXe siècle : « *Lutem lonnaicès le lowflem, lactiquetem ledem larjebem lalesem algorem / Lerchechem lapem les loblèmesprem lecmic* », etc. Ce n'est pas seulement un exercice de style, nous parlons vraiment le louchébem, du moins certains d'entre nous ! Ce jargon, comme le javanais par exemple ou même le verlan, était notamment utilisé par les résistants pendant la Seconde Guerre mondiale, et nos grands-parents le parlaient encore lorsque nous étions jeunes. Ils nous en ont transmis la pratique, nous l'utilisions lorsque nous étions ados aussi, notamment en colo.

Kheops

Avec Akhenaton nous nous amusions un peu à parler louchébem entre nous. Puis nous avons rencontré Shurik'n et il s'est avéré que lui aussi savait le parler ! Alors nous avons décidé de cultiver notre connaissance de cet argot. C'était à nos débuts, à l'époque où nous traînions en centre-ville, autour du métro du Vieux-Port. Dans la rue ou dans le bus, nous nous exercions à dire le plus de mots possible pour progresser et pour que cela devienne fluide, naturel. Et c'était bien pratique pour ne pas être compris par les gens autour de nous ! Depuis nous avons un peu perdu faute de pratique, mais il suffirait de s'y remettre... Bon, pour écrire un couplet de rap comme dans *Sale argot*, il faut avouer que ce n'est pas trop difficile à faire rimer, la plupart des mots finissent par -em, -ic ou -ès.

Je rappe comme je parle
Et parle comme je rappe, à l'instinct

Pause

La langue de nos textes puise sa source à Marseille. Il n'y a pas de volonté particulière à cela, nous aurions simplement du mal à écrire autrement qu'avec le français oral et l'argot que nous employons au quotidien. C'est ici que nous avons toujours habité et parlé ; la langue, le vocabulaire, l'accent de cette ville font partie de notre identité. Il s'agit donc d'un processus logique, et toutes les régions ont leurs propres mots, leurs propres langages, Marseille et la Provence comme les autres. Nous sommes d'ici, nous parlons l'argot d'ici, nous utilisons les expressions, les mimiques et les bruits d'ici. Et on retrouve logiquement dans nos morceaux des expressions de quartier comme *Quand tu allais on revenait*, un de nos titres, qui signifie « ce que tu as fait, je l'ai fait avant toi ».

Shurik'n

Chacun a apporté au groupe ce qu'il avait dans ses propres bagages. Et nous avons aussi fait en quelque sorte le tri parmi les expressions des générations précédentes. Certaines ont passé le filtre, d'autres non, c'est un peu difficile d'expliquer pourquoi parfois mais pour nous c'était assez clair. Un mot comme « boudiou », par exemple, sonnait trop patois, trop pittoresque. On en rigolait et c'était devenu un gage entre nous, lorsque nous faisions des paris, celui qui le perdait devait mettre « boudiou » dans son prochain texte. Au milieu de paroles super-engagées on tombait d'un coup sur « boudiou »... C'était horrible.

L'une de nos particularités est d'avoir grandi avec le rap américain, et c'est encore aujourd'hui le genre que nous écoutons presque exclusivement, plutôt que le rap français. Nous n'avons donc pas été particulièrement imprégnés de mots et d'expressions en français venus d'autres coins du pays. Cela nous a collé une étiquette de « Marseillais » agaçante mais que nous avons aussi souvent retournée par jeu. Après tout, le français est une langue latine ; ce sont les Parisiens qui ont un accent germanique, non ?

Il faut en revanche reconnaître que le parler marseillais ne prend pas toujours grand soin des mots... Comme Akhenaton le dit dans *Bad boys de Marseille (version sauvage)* : *« J'invente trop de phrases, mais sur Mars on fracasse / On tacle à la gorge du Petit Robert c'est grave »*. Ici les mots sont parfois méchamment violentés... Toute notre vie, nous avons entendu « pepsiglas » pour « plexiglas », « sangwich » pour « sandwich », et ainsi de suite. Ce n'est pas une question de génération, les anciens nous ont montré l'exemple et disent « mècredi » au lieu de « mercredi » !

Dans ce langage, on retrouve des mots et des expressions issus du provençal, de l'ancien français, d'autres liés aux différentes activités de la ville, la pêche par exemple. Il ressemble à Marseille, tout simplement. Et donc à IAM. Notre langue dit quelque chose de ce que nous sommes, d'où nous avons grandi et de comment nous avons été élevés. C'est moins spécifique de notre groupe que de notre génération ; nous allions chez les uns, les autres, nous faisions découvrir notre culture à nos amis et *vice-versa*, que ce soit la langue du pays d'origine de nos parents, des plats traditionnels, etc. La génération de nos enfants est souvent plus compartimentée, faite de groupes où les origines se mélangent moins.

Je t'ai vu faire le Flanagan
Estouffer des gadji dans le square
avec des histoires de mythomane
C'est maladroit, tu peux raconter ça
mais pas à moi
Tu jubiles quand elle s'écrie « Hayya »

Il faut taper

Marseille est une ville cosmopolite, et nous-mêmes, au sein d'IAM, représentons la diversité de ses racines. Fort logiquement, le langage d'ici est marqué par ce creuset. On y retrouve des mots issus du bassin méditerranéen, le Maghreb, l'Italie, l'Espagne notamment. C'est une question d'environnement et d'influences ; les populations qui sont venues peupler Marseille au fil des siècles ont apporté leur culture, leur vocabulaire, et nourri la langue commune. L'arabe a donné de nombreuses expressions, par exemple *hayya*, qui signifie « ouh la » ou « venez voir », comme dans *Je danse le mia* : *« Aujourd'hui encore, on peut entendre des filles dire / Hayya, IAM ils dansent le mia »*. Petits, nous disions aussi réñé, puis renzé, renza, renz. Autant de mots pour dire « pourri » : *« Lâche ta zik, elle est renza »* (*Un bon son brut pour les truands*).

L'italien et l'espagnol ont aussi beaucoup apporté au vocabulaire, d'autant plus facilement que ce sont deux langues latines proches du français. Le verbe italien *encazzare* a ainsi donné engatser, pour dire « s'énerver » ou « se faire avoir ». Les Gitans, souvent d'origine espagnole, qui habitent sur tout le pourtour méditerranéen ont donné au parler marseillais des mots très classiques comme gadjo ou gadji pour « garçon » et « fille » : *« Tu connais la Seleção, 3 gadjos rarement K.O. »* (*L'École de samba*). Ainsi que des expressions vraiment typiques comme « tête de cuivre » ou celle que nous citons dans *L'Ultra mia*, une version spéciale de *Je danse le mia* débordant d'expressions marseillaises en tout genre : « *Parle bien de la bouche, oh vilaine aux cheveux rêches* ». Le personnage de *L'Ultra mia* est inspiré d'un pote gitan que l'on appelait Rho Miguel, d'où les expressions…

D'autres mots, d'autres expressions ont parfois des origines difficiles à retracer… Le turf, par exemple, veut dire « territoire » en argot français : « *Tu connais le turf et le blaze, haza passe ton chemin* » (*Tiens*). Mais c'est à la base un mot anglais pour désigner le champ de courses… Pour nous l'emprunt à l'anglais a toujours été naturel, et cela ressemble pour le coup davantage à IAM qu'à Marseille. Nous avons effectué de nombreux séjours à New York pour y parfaire notre technique et nos connaissances, nous écoutons essentiellement du rap de là-bas, et nous sommes attachés à la culture hip-hop, qui est fondamentalement américaine. Tout cela nous nourrit forcément, même inconsciemment.

Nous avons d'ailleurs plus d'une fois remarqué lors de nos périples sur place qu'il existait de nombreuses similitudes entre le *slang* noir new-yorkais et notre propre argot, preuve que la langue voyage et que les mouvements des peuples s'accompagnent des façons de parler, particulièrement dans les grandes villes portuaires d'immigration comme Marseille et

New York. « Frère » pour désigner ses amis devient « *bro* » ; *idem* avec « pour de vrai ? » (« *On the real ?* ») ou « tu vois ce que je veux dire ? » (« *You know what I'm saying ?* »). L'emprunt à l'anglais est aujourd'hui devenu beaucoup plus banal dans l'argot, c'est la conséquence de l'omniprésence de la culture américaine, que ce soit par la musique, le cinéma, les séries… On entend maintenant des *anyway* ou *amazing* chez les jeunes, cela n'existait pas du tout il y a encore quelques années.

L'immigration, elle enrichit ma culture,
mon parler, mon rap
Nos écrits le clament bien haut
à te percer les esgourdes
Je loue ma cité et sa mixité linguistique
Les crétins critiquent mais le temps est notre allié
Sale argot

C'est normal. La langue évolue en permanence. Elle se renouvelle et c'est même à cela que l'on voit qu'elle est vivante. Dans chaque région de France, le français peut se mouvoir différemment ; et pour prendre un autre exemple, il suffit de voir à quel point l'arabe parlé au Maroc, en Tunisie, en Égypte ou au Liban est chaque fois différent, et toujours assez éloigné de l'arabe littéraire… Existe-t-il seulement un pays où la langue n'a pas du tout changé depuis un siècle ? C'est impossible. Même si une langue peut être standardisée ou figée, elle est vouée à évoluer ; soit les populations censées la parler vont en faire quelque chose de différent par réaction, pour se distinguer, soit elle devient une langue de convention, donc morte.

Le français tel qu'il est parlé à Marseille est une langue vivante. Il incorpore les mots venus d'ailleurs, arabes, gitans, italiens… Le français lui-même est un pur produit de l'oralité ; dérivant du latin, certaines évolutions découlent de l'étymologie, quand d'autres sont induites par des situations particulières liées à la paysannerie, à la féodalité, au contexte des provinces… Les académiciens et les politiques ont bien essayé de figer cette évolution, mais ce ne sont pas eux qui décident du développement et des métamorphoses d'une langue, ce sont les populations francophones dans leur ensemble et leur diversité.

Voilà comment la langue d'IAM évolue elle aussi, peu à peu des mots et des expressions entrent dans le langage, nous commençons à les utiliser et ils finissent par atterrir dans nos morceaux. Ceux-ci correspondent donc à un moment précis, une photographie de ce qu'est notre état d'esprit au moment de l'écriture. *« Ce tas de phrases torturées, ces feuilles raturées »* (*Dernier coup d'éclat*) peuvent d'une semaine sur l'autre prendre une autre tournure. La manière dont nous parlons au moment de la création d'un texte s'exprime dans celui-ci, ni plus ni moins. Ce n'est jamais figé, et c'est cela qui est magnifique. Nos enfants ont des expressions à eux, ils reprennent des vieux mots comme « tarpin », d'autres disparaissent, dans l'accent le *i* devient un « ji » et on dit « La Valentjine », « vendredji »... Cela se transmet et se transforme, de génération en génération. Dans celle de nos enfants, les amis s'appellent « fils » entre eux, garçons ou filles. On retrouve ce mot dans quantité de nos textes, et nos parents l'utilisaient déjà...

Kephren

Ce qui fait probablement le plus évoluer le langage, c'est l'échange, le fait de communiquer, au sein d'un groupe d'amis par exemple. Le mécanisme est récurrent chez les jeunes notamment. Pour affirmer une différence, ils se créent leurs propres codes, qui peuvent être des gestes, des attitudes, et des mots aussi. À force de marcher et de traîner ensemble, ils fabriquent une sorte de microsociété pour ne pas être compris des autres, en premier lieu de leurs parents bien sûr. On retrouve très souvent ce phénomène dans les quartiers. Cela peut quand même passer par des emprunts au langage des plus anciens, mais les mots vont être légèrement tordus, leur sens va être modifié... Il y a toujours une réadaptation, c'est sans fin.

Cette langue est en fait une sorte d'alternative au français. Elle a son histoire et puise dans les événements successifs qui ont façonné notre ville et notre région. Marseille est marquée par son passé de port colonial, et parmi les richesses importées des colonies, on trouve les langues et les dialectes… Les rues autour du Vieux-Port, le quartier du Petit-Saint-Jean notamment, étaient remplis de bars américains, de caboulots, de maisons closes propices à développer un langage qui leur était propre, à l'image du petit Chicago à Toulon. *« Le plan était simple et sans accroc / Si on rattrape les gazières, on les éclate à coups de marteau »* (*Elle donne son corps avant son nom*) : « gazier » et « gazière » pour « garçon » et « fille » sont typiquement issus de cet univers-là, ce sont de très vieux mots d'argot qui ont survécu jusqu'à nos jours autour du quartier du Panier.

L'évolution de la langue française
Ça vient de la rue
Ça vient de la rue

L'argot évolue dans le temps comme dans l'espace. Lorsque nous étions jeunes, la « gave » voulait dire l'héroïne ; aujourd'hui ce mot n'est plus employé à Marseille, et il peut l'être dans un sens différent ailleurs. En voyageant, nous nous sommes vite rendu compte qu'un même mot pouvait avoir des significations très variées d'une ville à l'autre, et que dans certaines régions de France, on utilise des termes qui nous sont totalement inconnus. Il y a en permanence des ajouts, des déformations… Les sources sont multiples, le cinéma par exemple peut être influent. Un film marque une génération et les expressions ou les tics de langage d'un personnage pénètrent dans le vocabulaire de tous les jours. Michel Audiard a probablement fait davantage pour la langue française qu'une flopée d'écrivains que personne ne lit. Certains mots, à force d'être manipulés, ont même pris un sens opposé à celui d'origine. Dans *Sale argot*, « sale » signifie « excellent », « génial »… C'est une bascule récurrente avec les mots négatifs : « terrible », « mortel », « massacre »… On peut élargir cette réflexion à d'autres expressions comme le « stinculé », typiquement marseillais.

Akhenaton

Pour nous, le débat autour de l'homophobie supposée de ce mot tel qu'il a été posé au cours de l'été 2019 à propos de son utilisation par les supporteurs de foot n'a aucun sens. À Marseille, le mot « enculé » est en quelque sorte comparable au « fuck » anglais : il est utilisé à tout bout de champ, dans des sens très variés et très éloignés de celui d'origine, et ce depuis des lustres, déjà par nos grands-parents et leurs parents avant eux. Le mot « enfoiré » a la même signification d'ailleurs : va-t-on interdire les tournées des Enfoirés ? Plutôt que de tourner en rond sur ce genre de débat inutile et de faire dire à des expressions ce qu'elles ne disent pas, il me paraît un peu plus important de s'attacher à condamner ceux qui lynchent les personnes homosexuelles à la sortie des boîtes et les laissent à moitié mortes sur le trottoir.

Fort logiquement, l'évolution permanente de la langue se retrouve dans notre répertoire. Notre vocabulaire, nos expressions ont changé avec le temps et les mots que nous employons sur les premiers albums ne sont plus exactement ceux des suivants. On peut relever quelques exemples sur notre dernier opus *Yasuke*. *« Ce n'est que du toc, ce n'est que du falsch »* (*Rap warrior*) : « falsch » pour « faux » est un mot assez actuel, probablement issu de l'allemand, qu'utilisent nos enfants. Sur *Qui est ?*, nous avons découvert que l'utilisation du verbe « quiller » pour dire « coincer » était peut-être moins répandue que nous le pensions : *« Dis-moi, qui est ? / Le mauvais dans cette histoire, ouais / On est tous quillés ouais »*. Et *On va tous les zinguer* est un emprunt direct à du vocabulaire très marseillais.

Bref, notre renouvellement est permanent, et tant mieux, même s'il y a aussi une poignée d'expressions récurrentes… Et il n'est pas question pour nous de regretter des mots que nous avons pu utiliser par le passé. Regarder dans le rétroviseur à la lumière d'aujourd'hui pour dire « nous aurions dû faire ci ou ça », ce n'est pas notre philosophie. Ce que nous écrivions dans les années 1980 et 1990 correspond tout simplement à ce qui nous plaisait à l'époque, à notre état d'esprit d'alors, que ce soit sur le fond – les sujets abordés – ou sur la forme. Nos vies étaient différentes, nos préoccupations tout autant, notre vocabulaire aussi.

Ils mettent du pneu dans le shit,
et te vendent ça khamselef
Tu me diras « ça va, c'est pas trop »
Mais pour du Tcherno, un Hamidou
quand on a rien, c'est chaud

Demain c'est loin

Il est des domaines où l'argot enrichit particulièrement la langue par la diversité qu'il peut proposer. Beaucoup de mots ayant trait à l'illégalité viennent ainsi naturellement sous forme d'argot dans nos textes, depuis toujours. Ce n'est pas volontaire de notre part : nous les avons entendus en grandissant dans des contextes particuliers et pour nous comme pour beaucoup de monde, ces mots-là sont depuis des évidences. « *Ça arrache, à consommer avec un tchoc de hasch* » (*Chez le mac*), « *Un tchoc de popo, faire les fils et un bon rodéo* » (*Demain c'est loin*) : « tchoc de hasch » ou « de popo » pour dire morceau de hashish, ou encore « zeb », mot créole qui désigne l'herbe en général et plus particulièrement le cannabis. Mais aussi une pétoire, l'acier ou le fer pour un pistolet – « *Les autres ne disent rien, il pointe sa pétoire* » (*Sombres manœuvres / Manœuvres sombres*) –, la schnouff pour la cocaïne – « *De la schnouff étalée dans l'aluminium* » (*Murs*) –, les cas sont légion.

C'est un procédé intemporel et qui se transmet, même si les mots évoluent avec le temps bien sûr – on ne dit plus trop « un tchoc » pour dire « un morceau » aujourd'hui, mais la génération de nos enfants va dire « un tchoco » pour désigner quelqu'un à forte carrure, un « gros morceau » en quelque sorte… Quand il y a une embrouille à l'entrée d'une boîte, un type bien énervé ne va pas dire « Je vais revenir avec la mitrailleuse », non, il va plutôt lancer au videur : « Je vais te sortir la guitare. » Et tout le monde comprend !

Dans un style à certains égards comparable, l'argot regorge d'insultes en tout genre, c'est un registre nourri par chaque langue et qui ne cesse jamais de s'étoffer. Toutes les familles issues de l'immigration savent que les jeunes connaissent les gros mots de la langue d'origine de leurs parents et de leurs grands-parents. Pourquoi ? Parce que ce sont tout simplement les mots que leurs aînés ne peuvent pas s'empêcher de dire ! Nous l'avons vécu nous-mêmes lorsque nous étions jeunes. Dans les familles d'origine italienne ou espagnole par exemple, le français était la langue imposée par le désir d'intégration, du coup l'usage des langues d'origine s'est perdu. Mais dans les moments d'énervement et de perte de contrôle ressortaient invariablement les langues natales, et donc les gros mots en espagnol, en italien, etc. Un peu comme lorsque Imhotep s'énerve, son accent pied-noir ressort...

Cela donne un éventail de gros mots et d'insultes venus de tous les horizons qui émaille notre discographie, comme « renze » et « renza » pour ceux d'origine arabes, mais aussi « haza » – *« Descends de ton nuage, rentre à la casa / J'ai du nouveau pour toi et ta clique sale haza »* (*Bang bang*) – qui vient probablement de l'espagnol, et a été popularisé par son utilisation dans *Scarface*, où Tony Montana le définit comme « un porc qui ne vole pas droit ». Il y a aussi des apports du vieux français ou du provençal. *« C'était clair, les hauts placés voulaient mon trophée / Un mois après ces endoffés bloquaient mon dossier »* (*Dangereux*) : le mot « endoffé », nous l'entendions quand nous étions petits dans la bouche des anciens pendant les parties de cartes… Sans oublier tous ceux de notre invention, notamment sur les premiers albums. Bref, la liste est quasi infinie.

Nous avons néanmoins toujours veillé à ne pas abuser de ce vocabulaire injurieux dans nos textes, même jeunes. Il y a bien plus de second degré et d'ironie que de mots crus dans nos paroles. Notre façon de parler au quotidien peut certes être très fleurie, ce n'est pas une raison pour la retrouver *in extenso* dans notre écriture : nous en avons eu conscience très tôt. Cela a peut-être été nourri aussi par une forme de pudeur vis-à-vis de nos parents, puis de nos enfants lorsque nous avons pris de l'âge. Et par respect pour notre public aussi : le langage est quelque chose de situationnel, on ne parle pas de la même façon selon que l'on est en privé avec ses amis ou en public avec des inconnus.

L'accent, l'accent, quoi qu'est-ce qu'il a
notre accent ?
C'est la seule chose qui vous ait marqué, pourtant
Mars contre-attaque

Malheureusement, l'argot et les expressions que nous employons dans la vie de tous les jours comme dans nos textes ne connaissent aucune valorisation dans notre société. Pourtant ce langage-là est reconnu dans notre culture hip-hop et surtout par les gens qui nous écoutent, puisqu'ils s'expriment de la même manière ! La langue orale nourrie par l'argot est injustement considérée comme grossière, triviale, inférieure, parce qu'elle vient globalement des couches sociales les plus pauvres. La culture dominante tente depuis longtemps d'étouffer la culture populaire en France, en musique comme en littérature ou dans d'autres formes d'art. Cela nous ramène à la définition d'Éric Zemmour considérant le rap comme une « sous-culture d'analphabètes ». Ses propos prouvent qu'il défend une culture et donc une langue bourgeoise, élitiste, morte. S'il s'intéressait à l'écriture moderne, il saurait qu'il existe des textes magnifiques dans le rap, mais pour lui la langue était forcément plus belle, plus pure avant ; en fait il accuse les autres de sa propre tare, l'ignorance.

La langue est un outil de domination sociale. Ce n'est pas un hasard si l'objectif majeur de l'Éducation nationale à partir de la IIIe République a été d'éradiquer les patois et les dialectes régionaux pour leur substituer un français standardisé et centralisé. Pour asseoir sa domination sur un peuple, mieux vaut l'empêcher de parler une langue qui lui est propre. Aujourd'hui, l'accent marseillais est en recul, comme le provençal, qui était encore parlé lorsque nous étions enfants. L'uniformisation se fait à marche forcée, par l'école, par les médias, et notamment la télévision… Le langage dominant est sans accent, ou plutôt avec l'accent parisien, et il infuse lentement mais sûrement. Même dans les journaux régionaux de France 3, l'accent marseillais est en voie de disparition. Nous ne nous en rendons jamais mieux compte que lorsque nous sommes en promo sur des plateaux de télévision. La différence d'accent entre les autres et nous est ahurissante, et cela n'a rien de volontaire. Par exemple : une publicité récente pour des biscuits apéritifs (Belin), fait intervenir un personnage qui répète son texte avec l'accent marseillais, il est interrompu par un second personnage qui lui dit : « C'est quoi cet accent ? » Il rejoue la scène avec un accent « pointu » et le second personnage, lui dit : « Voilà quand tu veux... » Le message sous entendu est grave, il y aurait un accent valable pour la culture et les personnes instruites, et d'autres accents pour les personnes naïves, simples d'esprit et peu cultivées.

Le rap n'échappe pas à cette uniformisation. Avant, les groupes marseillais comme nous mais aussi bien d'autres, la Fonky Family, 3e Œil, ne pouvaient pas rapper sans l'accent et le vocabulaire de la ville. Aujourd'hui c'est moins systématique, car la culture rap, elle aussi, s'est centralisée, parisianisée. Le vocabulaire, l'argot et l'accent dominants du rap français viennent de Paris et de sa banlieue, et cela se ressent partout, à Marseille, dans toutes les autres régions de France, mais aussi en Suisse, ou même au Québec, où des MC francophones donnent l'impression d'avoir grandi en banlieue parisienne !

Les particularités reculent, et cette façon de parler souffre d'un manque de reconnaissance évident. Heureusement, le rap est là, et puisque personne d'autre ne considère à sa juste valeur cette langue vivante, notre art lui donne ses lettres de noblesse. Cela a pu un temps exister dans la chanson française avec des artistes issus des classes populaires ou qui ne se contentaient pas de parler d'amour dans leurs chansons, tel Renaud à ses débuts. Mais cela reste globalement très rare.

Affûtée, ma plume effraie ce pays
comme le muezzin
Le dialogue, ouais c'est là où tout réside
Ils peuvent fermer les volets, le temps court,
rien n'y résiste
Nos mots sont son bras armé

Debout les braves

Le hip-hop propose d'accepter cette langue orale comme une richesse, quelque chose de créatif et de différent. Il faut arrêter de vouloir la comparer à la littérature, ce n'est pas la même chose, et surtout, pourquoi l'une exclurait-elle l'autre ? Nous ne sommes pas en guerre avec la culture dominante, c'est elle qui est en guerre avec nous. Nous essayons de montrer toute la richesse de notre vocabulaire, et donc de notre culture, sans chercher à dévaloriser la leur.

Le temps nous a fait oublier que la poésie du XIXe siècle, par exemple, utilise elle aussi la langue orale. Elle nous paraît très écrite aujourd'hui parce que l'oralité a considérablement évolué depuis, c'est sa nature, mais la poésie vient de cette tradition-là aussi. Verlaine, Rimbaud et d'autres écrivaient comme ils parlaient, avec la même langue. On retrouve d'ailleurs dans leurs œuvres un argot de ces années-là, que l'on ne comprend plus toujours bien.

Imhotep

Le langage du rap reflète son époque. Il y a un appauvrissement généralisé de la culture aujourd'hui et la curiosité est peu à peu remplacée par la consommation. Si le niveau de langue du rap est en baisse, c'est parce que le lexique général de la société se restreint de plus en plus. Ce n'est même probablement pas dans le rap que la langue s'appauvrit le plus actuellement. Cela demande certes d'aller au-delà de ce que peuvent nous proposer les grands médias,

mais on trouve des textes magnifiques parmi les rappeurs des jeunes générations, de vrais poètes de notre temps. Et leur vocabulaire est plus riche que celui de la variété française, voire celui des discours politiques actuels.

Paradoxalement, la culture dominante s'inspire de la culture populaire en même temps qu'elle la dénigre… On a souvent vu des chorégraphes de danse contemporaine s'encanailler en recrutant des danseurs hip-hop pour leurs créations, alors qu'ils ne connaissent ni l'histoire ni les codes de cette danse. Leurs compagnies sont grassement subventionnées pendant que certains vrais acteurs de la danse hip-hop tentent de survivre hors de toute reconnaissance institutionnelle. « *Ils aiment ce rap qui sonne rock ou "Y'a bon Banania" / Surtout pas qui s'affranchit et qui n'est pas maniable / Destiné à quitter l'usine par le train de 7 heures / On fait vos putain de modes, on est vos trendsetters* » (*Géométrie de l'ennui*) : nous sommes leur source d'inspiration, l'avant-garde, et pourtant nous sommes méprisés.

Défendre l'oralité et l'argot fait tout simplement partie de notre volonté de voir notre musique être reconnue comme une vraie forme d'art, une culture à part entière, c'est un pan de cette revendication globale. Après avoir subi des cours d'histoire borgne et des leçons de patriotisme rance, nous serions censés nous conformer aux standards culturels d'une élite qui relègue notre art au rang de sous-culture de banlieue ? Aveugles au brassage des peuples et des civilisations, *« ils refusent de voir que ce monde est bigarré »* (*Yasuke*), que le métissage enrichit et vivifie notre langue. Il n'y a ni France d'en haut, ni France d'en bas, ni langue française d'en haut et langue française d'en bas. Les rappeurs-auteurs francophones sont à la fois ancrés dans l'histoire plurielle de notre pays et dans ses réalités actuelles. Et en donnant au langage ses lettres de noblesse d'aujourd'hui, n'en déplaise aux tenants d'un académisme obsolète, le rap participe à faire du français ce qu'il a toujours été, une langue vivante.

Le hip hop & le monde

Le cœur est un métronome
L'homme ne peut que s'incliner
Quand le hip-hop impose son dogme

Dur d'imaginer ce que je serais sans rapper
Depuis longtemps

Notre histoire avec le rap est une idylle. Nous avons fait d'une passion un métier et notre quotidien. Cette musique est omniprésente dans nos existences, parfois elle tourne même à l'obsession, mais comment vivre autrement ? Nous nous sommes abandonnés au mouvement hip-hop depuis trente-cinq ans, soit les deux tiers de nos vies, ce qui est considérable… Bien sûr, nous avons tous eu le temps de nous construire de petits jardins privés, où chacun cultive d'autres passions qui lui sont propres. Mais IAM et le rap sont restés notre colonne vertébrale, souvent renforcée par ce vécu ramené d'ailleurs. Et même si *« ça nous fait ça depuis longtemps / On ne s'en lasse pas pour autant »* (*Depuis longtemps*) : en embrassant le hip-hop, nous avons adopté une manière de vivre et une passion dévorante toujours intactes.

Le plus important à notre âge, c'est précisément d'être en phase avec celui-ci. Nous aurions l'air ridicules si nous parlions des problèmes des jeunes de 20 ans comme si c'étaient les nôtres. Le monde a changé par rapport à la fin des années 1980 et aujourd'hui, nos préoccupations de jeunes ont été remplacées par d'autres. La Terre sera-t-elle habitable pour nos petits-enfants ? Pourront-ils vivre aussi vieux que nous ? Cette évolution s'est faite naturellement : jamais nous n'avons anticipé que nous rapperions encore à 50 ans passés.

Comment aurions-nous pu imaginer faire carrière aussi longtemps ? À nos débuts, nous ne nous projetions déjà pas vers le mois suivant : le rap n'existait pas en France. Nous faisons partie des pionniers, des groupes fondateurs du rap francophone, mais nous ne le concevions pas sur le moment. Nous étions juste contents de monter notre groupe, de pouvoir jouer sur scène, dans des salles de plus en plus grandes… Nous voulions que le maximum de gens écoutent notre musique, faire des disques, et si possible vivre de notre art. Lorsque nous avons signé notre premier contrat, sorti nos premiers albums, nous avons commencé à y croire, même si pendant un certain temps nous avons plus vivoté qu'autre chose. D'ailleurs, pendant l'enregistrement de *...de la planète Mars*, nos parents revenaient souvent à la charge : « Ça ne durera pas longtemps, alors qu'allez-vous faire après votre album ? Il serait temps de trouver un vrai métier. »

À leur décharge, le bricolage permanent escortait nos premiers pas. Avant 1989, Imhotep ne faisait pas partie du groupe et sans ses équipements musicaux et les compétences qui vont avec, nous avions beaucoup plus de difficultés à créer nos propres compositions. Il possédait un sampleur W30 avec lequel nous avons réalisé nos deux premiers albums. Auparavant, dès que nous avions un peu d'argent de côté, nous allions en studio composer et enregistrer trois ou quatre instrus, disques sous le bras, mais cela nous coûtait très cher. Et sur scène, c'était la débrouille avec les faces B des vinyles : Kheops devait faire tourner les quelques mesures sélectionnées encore et encore, à l'infini, pour pouvoir rapper par-dessus, le tout en live. Il n'y avait aucun calcul, on pouvait faire tourner les mêmes mesures pendant une heure, ou rapper le même texte sur deux instrus différentes d'une semaine à l'autre... Notre obsession était de coller à ce qui se faisait aux États-Unis. Puisque le rap américain évoluait chaque mois, nous aussi.

On a doublé d'efforts, quelques mois
à coups de cola
Concept est dehors, IAM a mis le holà
Funky fresh, versificateurs de qualité
La preuve en est : beaucoup nous ont copiés
La tension monte

La rencontre avec Imhotep, fin 1988, et la sortie de notre première cassette audio *Concept* l'année suivante vont tout changer. Cet enregistrement d'une heure, que nous considérons comme notre premier album, a été rendu possible par le Massilia Sound System et plus précisément par l'un de ses membres, Jali, qui nous a gentiment proposé de nous prêter un enregistreur quatre pistes. *Concept* s'est fait avec ce matériel, enregistré entre le salon d'Imhotep et la cuisine de Kheops – nous rappions devant son chauffe-eau… – et mixé dans le studio de Jali. Grâce aux voyages à New York de Kheops et Akhenaton et à l'arrivée d'Imhotep dans le groupe, nous avions une avance technologique sur le reste de la scène rap française de l'époque. Et nous avions de nombreux textes prêts. Bref, nous n'attendions que de pouvoir enregistrer quelque chose. C'était inédit : personne n'avait encore fait de véritable album autoproduit en France.

Il y a un « avant » et un « après » *Concept*. Nous nous voyions comme une bande de potes à fond dans le hip-hop, nous prenons conscience grâce à l'album *Concept* que nous sommes devenus le groupe IAM. Mais cette cassette va aussi nous servir de CV. Même si nous savions que c'était du jamais-vu en France, pour nous cet enregistrement était quelque chose de régional, à la diffusion d'ailleurs limitée, peut-être 2 000 exemplaires en tout et pour tout. Il va en fait nous ouvrir des portes insoupçonnées grâce à un concours de circonstances. Rockin' Squat, l'un des membres du groupe Assassin, avait un cousin à Marseille. À l'été 1989, il lui a rendu visite accompagné de Joey Starr de NTM, et ils sont remontés à Paris avec *Concept*. La cassette est rapidement arrivée dans les mains de Benny Malapa, qui était en train de produire le premier CD de rap français, la compilation *Rapattitude*, avec sa structure Labelle Noir. Benny nous a contactés… et voilà comment nous avons signé notre premier contrat.

Kheops

À l'automne 1989, après la sortie de l'album *Concept*, Akhenaton était parti s'installer à New York. Lui et moi y avions déjà fait de nombreux séjours de plusieurs mois et nous rêvions d'y vivre. Le rap qui nous inspirait était là-bas, pas ici, en France et particulièrement à Marseille, où nous passions un peu pour des extraterrestres. Au début des années 90, on nous proposait de faire le concert d'inauguration du Virgin Megastore de Marseille, le label Labelle Noir voulait nous signer, je l'ai appelé à New York et je n'ai pas eu de mal à le convaincre de rentrer. Et très peu de temps après nous étions en studio pour enregistrer *...de la planète Mars*, sorti en mars 1991. Sur la lancée de *Concept*, nous étions prêts.

Rien de tout cela ne serait peut-être arrivé si le Massilia Sound System ne nous avait pas aidés. Ils nous ont permis d'enregistrer *Concept*, mais aussi de jouer dans de très nombreux concerts et festivals grâce au réseau de scènes du rock alternatif. Grâce au Massilia et à d'autres artistes de cette mouvance comme Jo Corbeau, nous avons appris à nous développer en live, à construire un concert de deux heures qui soit cohérent. Ils nous ont accueillis avec bienveillance, sans hostilité envers notre musique. Notre émergence et celle du hip-hop en général ont été rendues possibles par des gens comme eux, tolérants, pourtant issus de milieux et de cultures différents des nôtres. La seule scène qui nous ouvrait ses portes de manière permanente à Marseille, La Maison Hantée, était tenue par des bikers !

Il ne faut donc pas prendre au premier degré l'idée de « tuer le rock », un mantra du rap à l'époque : *« Et du top, tue le rock et me moque de votre époque »* (*Planète Mars*). En réalité, nous visions le rock français établi, proche de la variété, héritier des yéyés aux textes insipides. Nous n'avions aucune animosité envers le rock alternatif, qui nous tendait la main. Surtout, il faut bien comprendre que lorsque nous voulions « tuer le rock », nous voulions en fait prendre sa place ainsi que celle de tous les autres styles musicaux. Notre obsession, c'était d'imposer notre musique, notre culture, qu'elle devienne le genre n° 1. Faire en sorte que le rap soit reconnu – pas seulement IAM – et s'inscrive dans la durée, si possible aussi longtemps que le rock. Une soif de victoire, un esprit de compétition qui sont aux fondements même du hip-hop.

Alors vous qui critiquez ma musique samplée
Dorénavant sachez que je refuserai d'écouter
Les ânes qui se pâment
Croient tout savoir et qui me blâment

Un jour tu pleures, un jour tu ris

À l'époque de notre éclosion et de celle du rap en France, cette obsession de vaincre avait été largement dopée par la deuxième moitié des années 1980, pour nous synonyme de radicalisation musicale. En 1983 et 1984, le hip-hop émerge – à Marseille et ailleurs – grâce au breakdance, puis cette « mode » passe. Dès lors, nous ne sommes plus qu'une poignée à rester fidèles à cette culture et nous passons pour des ringards bloqués à l'époque du break. Paradoxalement, les prémices du rap sous la forme que l'on connaît aujourd'hui apparaissent exactement en même temps aux États-Unis ; il s'agit probablement de la période la plus féconde de notre musique. Nous suivons cette évolution du plus près possible, mais sans réussir à l'importer en France. Ce sont nos années les plus difficiles, nous avons beaucoup de mal à exister. Quand nous jouons à Marseille, à l'occasion de la Fête de la musique par exemple, le public écoute et regarde avec tendresse les gamins que nous sommes, mais il n'y comprend rien. On ne peut pas exclure que notre niveau de l'époque l'explique aussi en partie ; nous n'étions probablement pas encore au sommet de notre art…

Nous étions jeunes, nous vivions notre culture à fond. Tout fan de musique a eu une période comme celle-là de repli sur soi : on découvre le genre, on embrasse les codes, la tenue et la danse, on ne jure plus que par ça. Dans nos premiers albums, nous enchaînions ainsi les piques contre les autres genres musicaux alors à la mode, notamment dans quelques intermèdes parodique comme *Le slow de LAI t'es* ou *Achevez-moi* : *« Je veux rester seul / J'ai peur j'ai froid / Je veux rester seul / Achevez-moi »*.

Loin de notre attitude hostile de ces premiers temps, le hip-hop est pourtant par ses origines mêmes une culture extrêmement ouverte. Lorsqu'il émerge au tournant des années 1970 et 1980, c'est au milieu d'autres genres musicaux plus ou moins pérennes comme le funk, la soul, le disco, l'électro-funk, la go-go… Le hip-hop traverse tous ces styles : il est même tous ces styles à la fois, comme un fil rouge qui a survécu jusqu'à nos jours. D'ailleurs, le rap s'est d'abord appelé « disco alternatif ». Le DJ faisait tourner en boucle les parties dépouillées des disques de disco ou de soul pendant que quelqu'un le mettait en valeur au micro : voilà comment est née notre musique.

L'impro et les textes écrits, le rap à proprement parler, sont venus un peu plus tard, mais la base était là : passer un disque et s'exprimer par-dessus la musique, quelle qu'elle soit. Soul, jazz, funk, disco… dans nos compositions, nous nous sommes inspirés d'à peu près tous les styles. Malheureusement, ces pratiques de l'échantillonnage et du scratch ont pratiquement disparu. Elles faisaient pourtant partie des fondamentaux du hip-hop et nous avaient permis de sortir de l'intolérance musicale de nos débuts. Quand on écoute un morceau de rap, on se demande toujours : mais c'est quoi ce sample derrière ? Et ainsi l'on découvre des morceaux, des genres musicaux que l'on n'aurait jamais écoutés autrement.

Le sampling allait pour nous de pair avec une autre culture, celle du digging. Pour trouver sans cesse de nouveaux samples que les autres n'ont pas, il faut voyager à la recherche de disques inédits, écouter des vinyles tombés aux oubliettes. Nous avons considérablement élargi notre culture musicale grâce à ces pratiques. Qui pouvaient parfois tourner à la déformation professionnelle : ou comment rester bloqué sur une musique traditionnelle thaïlandaise pendant un dîner en famille au restaurant…

Le sampling, c'est un peu comme le biomimétisme : prendre ce qu'il y a de bon et le redévelopper en autre chose – en mieux si possible. Mais les questions de droits éditoriaux ont fini par l'atrophier. À nos débuts, nous samplions allègrement et cela ne posait pas de réel problème. Mais à mesure que le rap a grandi, les éditeurs et certains artistes ont senti la manne financière pouvant être générée grâce aux droits d'auteur. Le sampling est dès lors devenu de plus en plus coûteux, donc rare. Sur nos derniers albums, nous samplons et scratchons essentiellement notre propre répertoire, ou ceux de groupes amis : nous n'allons pas nous faire de procès à nous-mêmes… S'autoriser autant de liberté qu'à nos débuts est devenu impossible.

Imhotep

Le sampling était un vecteur majeur de culture musicale, sa quasi-disparition est très regrettable. Il permettait de replacer le hip-hop dans une filiation, celle d'une culture musicale afro-américaine qui va du blues au funk en passant par le jazz et le rhythm and blues. Aujourd'hui cette transmission a disparu car le sampling n'est plus un ingrédient important de la composition musicale dans le hip-hop. Pour moi, c'est synonyme d'appauvrissement. Bien sûr, de très bonnes choses persistent mais l'époque est néanmoins marquée par une forme d'acculturation musicale et par une production souvent uniforme, standardisée, répétitive. À titre personnel, cela me touche vraiment. Ce recul contraint et forcé du sampling a atteint ma créativité.

L'addition peut s'avérer particulièrement salée en France, où s'ajoute au copyright du morceau original le droit moral. Aux États-Unis, en cas de litige devant la justice, on ne paie l'artiste samplé qu'à hauteur de l'argent généré. Chez nous s'y ajoutent les « dégâts moraux » qu'on lui a causés. Les lois françaises sont parfois déroutantes. Nos albums sont téléchargeables gratuitement sur Internet en deux clics. Un artiste peut reprendre une œuvre de notre répertoire sans que l'on ait notre mot à dire, à partir du moment où les droits d'auteur nous sont reversés. En revanche, nous

nous faisons attaquer en justice si nous samplons deux mesures d'un autre artiste… Malheureusement, le sampling et le digging ne sont pas perçus comme des formes d'art aujourd'hui quand ils sont liés au rap, et c'est une injustice profonde envers notre culture. D'autant que dans 95 % des cas, nous samplons des titres totalement inconnus : ce n'est pas le nom de l'artiste concerné qui nous fait vendre des disques.

Putain après tout ce temps ils pensent
toujours ça de nous
Rien que de vulgaires misogynes et voyous
Orthodoxes

Cette situation est hélas une illustration parmi d'autres de l'incompréhension que suscite le rap depuis toujours. En 2020, le rap et le hip-hop attendent encore d'être reconnus par les institutions culturelles françaises. Nous restons la musique du ghetto, reléguée comme un sous-genre, ne récoltant que des miettes de subventions. Il y a un mépris latent envers notre culture, qui se retrouve affublée d'étiquettes toutes faites. Un rockeur qui détruit sa chambre d'hôtel est un rebelle, une idole. Un rappeur qui fait la même chose, c'est un délinquant. Et s'il met des grosses chaînes, un vilain capitaliste de droite…

Le bling-bling a bien sûr des côtés horripilants, mais il n'est ni plus ni moins qu'un prolongement de traditions africaines où l'on exhibe ses parures et ses bijoux. En fait, la société n'a pas quitté son regard condescendant envers notre culture : il y a une forme de paternalisme colonialiste là-dedans, le dénigrement de la culture du colonisé par le colon.

L'une des manifestations de cette incompréhension, c'est la tendance du grand public à considérer notre musique comme un monolithe. Il y aurait un seul et unique « rap français », sans nuances. Pourtant, le hip-hop et le rap sont depuis le début protéiformes, mais il faudrait à tout prix nous mettre dans un moule, que l'on contrefait d'autant plus facilement : « *Ils ont caricaturé nos discours radicaux / Et les ont résumés par "wesh wesh, yo yo"* » (*La Fin de leur monde*). Cette assignation est une méconnaissance totale de notre culture, car le rap est un art multiple et sans cesse mouvant. C'est inhérent à sa dimension compétitive : il faut être dans le wagon de tête. L'innovation, y compris technologique, est au centre du hip-hop. Le rap ne peut pas se reposer sur son patrimoine, se contenter de recycler ce qui a marché.

Nous nous y astreignons aussi : en trente ans, notre style a considérablement évolué, et cela continue. Cela ne veut pas dire que l'on ne peut pas se tromper, avoir tort, être en avance ou en retard… C'est dans les gènes d'IAM de se mettre en danger, de tenter de nouvelles choses, nous nous y efforçons à chaque album. Une partie de notre public ne nous parle que de *L'École du micro d'argent* et rêve de nous voir faire *L'École du micro de vermeil*, mais nous aimons le rap, nous sommes à jour sur son évolution, nous ne cherchons pas à reproduire ce qui a fonctionné il y a vingt ans. La culture de cette musique, c'est d'avancer, de changer, pour le meilleur ou pour le pire.

On nous assigne volontiers un rôle sclérosant d'ambassadeurs d'un « rap conscient » aux textes réfléchis. Quand le rap a éclos en France, Public Enemy venait de marquer les esprits avec leurs paroles très engagées, si bien que tout le monde leur a emboîté le pas, nous compris. Mais nous n'avons jamais calculé notre musique, nous nous contentons de faire ce qui nous plaît. Car, quoi que nous fassions, il y aura toujours à redire : trop sérieux, moralisateur, trop léger, commercial… Nous ne faisons pas du « rap conscient », nous faisons du rap inconsciemment.

Kephren

L'étiquette de « rap conscient » est une création toute faite des intellectuels et d'une certaine presse dite « rock » qui n'ont jamais compris ce qu'était fondamentalement le rap, notamment sa dimension festive. Quand le rap a émergé en France, l'essentiel des artistes qui ont alors fait parler d'eux revendiquaient des choses, parlaient des problèmes dans les cités, etc. La face plus légère du rap a été passée sous silence par l'essentiel des journalistes : ils avaient grandi avec le rock et retrouvaient dans certains de nos discours un élan de leur jeunesse, une musique engagée, revendicative. Nous-mêmes avons été réduits à cette étiquette. Dans nos premiers albums, il y avait bien sûr des textes engagés mais aussi d'autres ironiques et joyeux.

Malheureusement, il est difficile de se débarrasser des étiquettes. Il faut donc vivre avec… Laisser glisser les « vous parlez bien pour des rappeurs » ou « ça s'est bien passé » étonnés que l'on nous adresse sur les plateaux de télévision, comme si les rappeurs étaient nécessairement des analphabètes violents et incontrôlables. C'est un paradoxe : le rap est à la fois une culture dont nous sommes fiers et que nous revendiquons, et une case caricaturale dans laquelle on nous enferme en permanence. Nous ne manquons pas de le dénoncer régulièrement dans nos textes. Le tiroir bien commode de la « musique urbaine », par exemple : *« Labellisés musique urbaine, marqués comme des bestiaux enfermés dans un enclos »* (*Ils ne savent pas*). Existe-t-il une musique rurale ? Faut-il nécessairement vivre dans une tour de béton pour faire du rap ?

Pourquoi est-il impossible de nommer simplement les choses telles qu'elles sont ? Nous ne faisons pas de la musique urbaine : nous faisons du rap.

J'explique, j'avais cent textes sous le chapeau
Tu swinguais tes parties sur des airs
de Chapi-Chapo

Quand tu allais, on revenait

L'identité du rap est pourtant assez simple. Elle repose d'abord sur les valeurs fondatrices du mouvement hip-hop : « *peace, love, unity and having fun* », soit « paix, amour, unité et amusement ». Elle s'inscrit ensuite dans le cadre de la culture hip-hop, où le rap côtoie d'autres modes d'expression artistique comme la danse, le graffiti, le scratch, le beatmaking… Il s'agit d'une culture ouverte : tout le monde l'embrasse et la transmet à son prochain. Enfin, elle comporte une dimension compétitive essentielle : le rap est un sport.

Il est fondamental de comprendre ce parallèle entre culture et sport. Quand on fait du rap, on veut être le meilleur, point. Seul celui qui franchit la ligne d'arrivée en premier existe ; il faut innover, créer, faire avant les autres ce que personne n'a jamais fait. C'est une vision très saine de la compétition artistique. Pour les DJ par exemple, il est facile aujourd'hui d'apprendre à scratcher ou de trouver une instru en quelques secondes sur Internet. Mais dans les années 80, c'était autre chose ! Il a fallu faire de l'espionnage industriel, puis trouver des disques encore jamais utilisés… C'était la guerre, mais c'était comme ça ; il y a la culture, et il y a le sport. L'un ne va pas sans l'autre.

L'ego trip, genre essentiel de notre musique, s'inscrit exactement dans cet état d'esprit. On l'associe volontiers au rap actuel, mais il a en fait toujours existé : il suffit de réécouter *Le Nouveau Président* sur l'album *…de la planète Mars*. Mais ici aussi, l'incompréhension vis-à-vis de notre culture a marché à plein. L'ego trip, ce n'est pas parler de soi et rabaisser son prochain au premier degré. C'est un art ancestral, commun à tous les hommes depuis la nuit des temps, que nous pratiquons entre nous depuis que nous nous connaissons ! C'est le goût du bon mot, la vanne pour la vanne, le charriage à l'état pur. « *Y'a rien de personnel, joute verbale c'est traditionnel / Seuls les crétins y voient une occase de chercher querelle* », comme nous l'expliquons sur *WW*.

Quand nous utilisons ce genre pour charrier d'autres rappeurs, nous ne visons donc personne en particulier : c'est un pur exercice de style. Il existe, dans le hip-hop, le mythe du *sucker MC* ou MC « en bois », sorte d'ennemi imaginaire qui en prend pour son grade. Mais seulement le temps d'un morceau. Et les autres genres musicaux peuvent aussi y passer : *« Vise un tas d'inutiles, brise leurs grattes maudites / Les DJ qui miment des mix : tellement naze, c'est comique »* (*Marvel*). Tout au long de notre carrière, nous avons préféré l'ironie et le sarcasme à la vulgarité. Les messages passent mieux. Alors nous avons toujours volontiers manié l'ego trip, redoutablement efficace en la matière.

Si tu débarques un jour à Hip-hop ville
500 mètres après le panneau y'a le rond-point
et la statue de Rakim
Ensuite prends l'avenue Graffiti jusqu'au feu
Et regarde tous ces gosses qui freestylent
sur la place BDP
Tourne à droite, là c'est le quartier P.E.

Hip-hop ville

L'ego trip est d'ailleurs un genre que maniaient déjà voilà trente ans nos principales sources d'inspiration. Chacun d'entre nous a évidemment son propre palmarès, mais plusieurs références majeures nous mettent d'accord : Eric B & Rakim bien sûr, notamment leur premier album *Paid in full* (1987) ; EPMD ; Kool G Rap ; Big Daddy Kane… Tout cela ne nous rajeunit pas, et c'est logique : ce sont nos influences de jeunesse, les groupes que l'on écoutait au tournant des années 1980 et 1990 en se disant « voilà ce que nous voulons faire, qui nous voulons être ».

Sans surprise, ces références sont toutes américaines : nous avons toujours collé au son des États-Unis, voire même d'une ville en particulier… *« Style de rap New York, tu sais ça c'est ma came »* (*Tu le sais*). Nous avons d'ailleurs souvent été comparés ou associés au mythique groupe new-yorkais Wu-Tang Clan. L'album *Enter the Wu-Tang (36 Chambers)*, sorti en 1993, a été un raz-de-marée pour nous comme pour tous les amateurs de hip-hop. Leur arrivée dans le monde du rap a eu un effet explosif, du même acabit que Public Enemy quelques années plus tôt. Mais précisons que nous n'avons pas copié le Wu-Tang sur leurs références asiatiques. Quand nous avons entendu leurs premiers morceaux, à l'été 1993 à New York, nous avions déjà composé *Le Dragon sommeille* et *Le Dernier empereur* pour *Ombre est lumière…*

Shurik'n

Lorsque nous avons découvert le Wu-Tang Clan, nous nous sommes rendu compte que de l'autre côté de l'Atlantique, des mecs avaient exactement les mêmes références, les mêmes délires et la même organisation que nous. Un groupe avec des entités bien précises à l'intérieur et des satellites autour, un goût pour la Chine antique, les films de kung-fu... Nous étions sur la même longueur d'onde, nous avions la même vision artistique. Et nous partagions la plupart des références présentes sur leur premier album : telle ou telle phrase samplée, je savais dans quel film de kung-fu elle se trouvait. En fait, ça nous a surtout confortés dans ce que l'on faisait.

Il y avait une connexion évidente entre le Wu-Tang Clan et IAM qui a fini par se concrétiser en plusieurs temps. *La Saga* a d'abord fait date, même si ce morceau de *L'École du micro d'argent* a été enregistré avec des artistes qui n'appartenaient pas au groupe même mais à leur label : Timbo King, Dreddy Krueger et Prodigal Sunn. En revanche, nous avons par la suite signé *Seul face à lui* avec RZA puis *Noble art* avec Method Man, deux membres du Wu-Tang. Il y avait un respect mutuel naturel entre nous.

Au moment de *L'École du micro d'argent*, ce sont d'autres New-Yorkais qui ont pu nous influencer. À ses débuts, le groupe Mobb Deep ne nous avait pas marqués mais l'album *The Infamous*, sorti en 1995, nous avait mis une claque. Des caisses et des voix très fortes, des basses lourdes... il y avait sur ce disque un son très spécifique que nous voulions pour notre album dont le premier mixage, à New York, ne nous satisfaisait pas. *The Infamous* nous a servi de repère pendant le mix de notre album en studio à Suresnes avec notre ingénieur Prince Charles Alexander. *The Infamous* tournait sur une autre piste, et il passait de l'un à l'autre afin que l'on puisse comparer.

Ce son, nous l'avions en nous : *Petit frère* était tel qu'il est sur l'album dès nos toutes premières maquettes, début 1996. Beaucoup de morceaux de *L'École du micro d'argent* ont été retouchés, mais pas celui-là, or on y retrouve déjà la sonorité assez sombre qui caractérise l'album *in fine*. D'autres titres sont passés à la trappe, mais c'est une constante sur tous les albums d'IAM. Les fantasmes autour de *L'École du micro d'argent*, nourris par son succès, sont nombreux. Nous aurions par exemple refait l'album de A à Z après avoir entendu certains groupes français du collectif Time Bomb, notamment les X-Men, à notre retour de New York... En fait, Ali de Lunatic est le premier membre du collectif que nous avons rencontré, et c'était à la toute fin du mixage parisien. Quant aux X-Men, nous les avons connus une fois *L'École du micro d'argent* bouclé, le jour de la sortie de l'album, au cours d'une soirée live sur Canal +. Nous sommes d'ailleurs devenus potes, tout comme avec Oxmo Puccino. Finalement, très peu de morceaux de cet album ont été intégralement créés après New York : *Nés sous la même étoile*, *Un bon son brut pour les truands* et en partie *Demain c'est loin*. Les autres titres existaient déjà, ils ont simplement été remixés ou recomposés. Avec *Petit frère* comme mètre étalon.

Tout le monde veut la même chose
Mais personne ne veut que tu l'obtiennes
avant les autres
Partant, je roule pour moi fils,
tant pis pour les autres si
La médisance est leur hobby favori

La Saga

À 50 ans passés, loin d'être rassasiés et blasés, nous avons toujours soif. De musique d'abord : le rap américain reste notre influence majeure et nous continuons de nous tenir au courant de toutes les nouveautés. Le rap n'était pas mieux avant, c'est une question d'âge et de nostalgie. Soif de projets ensuite. Nous avons conscience du privilège de pouvoir vivre aussi intensément notre passion. Certains de nos rêves les plus fous se sont réalisés, comme notre concert devant les pyramides de Gizeh en 2008, mais il en est d'autres que nous espérons voir devenir réalité un jour… Ce n'est pas toujours évident à assumer.

Souvent, on nous renvoie l'idée que nous aurions déjà tout, y compris dans notre entourage.

Notre travail est plaisant, mais cela reste un travail ; quand nous partons à New York pour enregistrer un album ou mixer, ce ne sont pas des vacances ! Cette vision injuste et fausse a parfois pu nous blesser intimement. Nous avons tous dû, à un moment ou à un autre de nos vies, couper des ponts avec des amis, des proches, avec qui l'incompréhension grandissait. *« Je revois des potes d'avant, je parle des petits, eux me parlent de Rolex / Puis le silence, on regarde la montre / Même si on se sépare disons qu'on reste collègues / Ex-frères de fête, la vérité / Aujourd'hui, je crois qu'on a plus rien à se dire c'est bête »* (*J'voulais dire*).

C'est comme si la réussite était interdite dans notre pays, et plus particulièrement dans le rap. Avoir du succès, gagner de l'argent, ce serait forcément trahir d'où l'on vient, s'être compromis. Mais nous ne devons notre réussite qu'à notre créativité et notre imagination ; nous ne l'avons pas volée. Les footballeurs issus des banlieues sont souvent victimes des mêmes critiques et assignations. On les met par exemple en scène lorsqu'ils reviennent dans leur quartier d'enfance, pour dire qu'ils n'ont pas changé, qu'ils restent fidèles à leurs origines, comme si le contraire était une faute. C'est absurde, car *« D'où on vient, dans les clubs, y'a des gunshots / Ça fait rêver ceux qui n'y vivent pas / Nous on fait tout pour que nos mômes n'y grandissent pas »* (*Life I live*). Quand on habite ces quartiers, que l'on vit au quotidien les problèmes qui peuvent y exister, on peut évidemment avoir envie d'en partir si l'on en a les moyens. Plusieurs d'entre nous l'ont vécu et notre morceau *Au quartier* explique bien la démarche.

Changer de quartier, devoir couper les ponts avec certains de nos anciens amis devenus aigris… Puisqu'il est impossible de contenter tout le monde, certains trouveront toujours quelque chose à redire quoi que l'on fasse. La seule façon de s'en sortir, c'est d'être en accord avec soi-même. Alors nous avons toujours tout assumé, y compris notre succès. Là encore, la mentalité du hip-hop prime ; pourquoi faudrait-il vivre caché ? Quand on gagne de l'argent, on n'est pas obligé de le mettre sous le matelas et de ne surtout pas le montrer. On en fait ce que l'on veut.

Depuis ce jour où mutuellement
on a testé nos rimes
J'ai croisé le fer avec mon frère
dans tout le royaume
Repoussant maintes fois les assauts
de jeunes rônins avides

Le sabre au poing, on a fait rougir
toutes les scènes d'Europe

Benkei et Minamoto

Cela ne signifie pas que nous roulons sur l'or. À l'inverse du cinéma, du théâtre, de l'opéra ou des ballets, la création discographique n'est pas ou peu subventionnée, même si elle génère deux fois plus de revenus que l'industrie cinématographique. C'est un métier où l'on peut travailler six mois sur un projet sans être payé… et ne rien en tirer à l'arrivée s'il se solde par un échec. Depuis le début du siècle, l'industrie de la musique s'est par ailleurs transformée. Le téléchargement illégal représente pour nous un manque à gagner évident, et nous essayons de lutter de manière constructive. Les mêmes plateformes qui nous volaient nos morceaux hier distribuent notre musique aujourd'hui : on n'a jamais vu un tel braquage dans aucun autre métier, et si cela arrivait, nous savons clairement ce que cela donnerait dans la rue. Imagine-t-on les auteurs de grands hold-up devenir directeurs de la Banque centrale ?

Le public a aujourd'hui l'impression de payer les artistes en s'abonnant à une plateforme en ligne. Mais combien d'albums peut-on y écouter en payant dix euros, soit à peine le prix d'un seul album physique ? L'équation est simple : la rémunération des artistes est diminuée d'autant… Ni le public, ni les hommes et femmes politiques, ni les maisons de disques n'ont défendu les artistes lorsque ce modèle s'est peu à peu mis en place. Pire, pour la majorité des gens, les intermittents, qui pour beaucoup sont précaires, sont des fainéants et mériteraient une révision de leur statut !

La conséquence sur notre travail a été immédiate. Depuis de nombreuses années maintenant, nos budgets de création et de promotion ont baissé. Alors que nous passions plusieurs mois en studio à nos débuts, nous avons désormais deux ou trois semaines pour enregistrer un album. C'est souvent sportif ! Bien sûr, nous préférions cette époque où nous pouvions prendre notre temps, rester quatre mois à New York à tenter des choses... Malgré tout cela, nous avançons quand même avec le sourire et le bonheur d'avoir un métier fantastique. Nous nous sentons libres.

Nous avons encore la chance de pouvoir nous produire sur scène et de programmer des tournées malgré la réalité économique du marché du disque. C'est en quelque sorte un retour à nos origines puisque nous avions fait une multitude de concerts avant de sortir notre premier album. Lorsque nous jouons à l'étranger (Chine, Japon, Thaïlande, Singapour, USA...), nous retrouvons les sensations de nos débuts en nous produisant devant un public qui ne nous connaît pas forcément.

ENTRE LA PIERRE ET LA PLUME

Cahier Photo

LIVEL
IDLERS
WAR-028B
TONY SIDE
CHOICE M.C.
THIS IS THE "B" SIDE
1. TONY D. MIX
2. TRUE BLUE MIX
3. TODD TERRY PRODUCTION MIX
0 26656-0028-1 6
B-BOY STANCE
LIVE!
LIVE
DIMANCHE 14 MAI (LUNDI FERIE)
à partir de 20H30
ANIMATION RAP DISCOTHÈQUE - CONCERT - SCÈNE LIBRE -
RAP MUSIC
MAISON HANTEE
NO JOKE!
NO JOKE!
10 rue Vian - 13006 Marseille - TEL.91.920.940
P.A.F 30F
- AMBIANCE GARANTIE -
B-BOY

CREW
T LA ROCK
LYRICAL
FROM THE BOOGIE DOWN BRONX
TANCE
SOIREE RAP
avec
I'M
(ex B.Boy Stance)
entrée 30 F
VENDREDI 5 JANVIER 90
de 20 H à 24 H
à l'Espace Culturel Busserine
CLUB 88
et RADIO SERVICE présentent
LA NUIT DU RAP
HIP-HOUSE FUNK
CONCERT RAP
B.BOYS STANCE
JEU 13 JUIL
invitation

W-30
IAM • IAM • IAM • IAM •
I A M • CONCEPT
CONCEPT

FAHRENHEIT
VEN. 19 AVRIL.
IAM
20H30
50
VINDICATORS
45 54 21 39
"Rock against racism"

FRICHE LA BELLE DE MAI
20 NOVEMBRE 1992
21H30
CONCERTS RAP
Premières parties
UP TOWN
SOUL SWING AND RADICAL
IAM
RESIDENT FRICHE 92
SALLE DE SPECTACLES
ENTREE SUR PRESENTATION DE LA CARTE ANNUELLE DE LA FRICHE LA BELLE DE MAI : 20FRS
LA CARTE 92 EST INDISPENSABLE POUR ACCEDER AU BARATABA
41 RUE JOBIN - 13003 MARSEILLE - TEL : 91 05 95 95

HOUSE

GRAMERCY
IAM
FRIDAY

Photographies : Archives personnelles du groupe IAM / Xdr / Jean Pierre Maéro © Adagp, Paris, 2020 / Jeff Gottlieb / Didier D.Daarwin / tous des K

Dans les années 90, nous ne jouions souvent que des inédits ou presque sur scène, et pas les mêmes d'une semaine à l'autre. Ce n'était ni très malin, ni très marketing, mais c'était en revanche d'une fidélité sans faille au hip-hop : la compétition avant tout ! « *Si tu n'as pas pigé que la carrière je m'en tape, c'est que t'as pas su me cerner / Mon meilleur morceau, c'est le dernier* » (*Self made men*), nous étions tout le temps en train de créer de nouveaux morceaux et ceux du dernier album en date nous paraissaient déjà vieux, dépassés ! Nous étions vraiment dans notre bulle… Bien sûr, nous avions des remontées sur l'incompréhension que cela générait. Mais cela ne nous faisait ni chaud ni froid. Et toute cette période nous a permis d'être extrêmement créatifs sur scène. Certains morceaux n'ont ainsi existé qu'en live, comme *Le Style de la mouette*, jamais sorti sur aucun album. Du pur esprit hip-hop.

Akhenaton

Nous avons fini par évoluer, mais très tardivement, à la fin des années 2000. Shurik'n et moi sommes allés voir deux concerts d'affilée de Busta Rhymes et de Nas. Ils ont joué tous leurs classiques et on était comme des fous ! En se retrouvant pour une fois du côté du public, il y a eu un déclic : ce n'étaient pas des inédits créés trois jours plus tôt que nous voulions entendre, mais tous leurs classiques. Nous avons compris que nous étions à côté de la

plaque dans nos concerts, et qu'il allait falloir que ça change. Avoir des hits, un répertoire avec quelques classiques, c'est une chance. Avoir un public fidèle aussi, et il attendait ça de nous. Il nous a quand même fallu vingt ans pour en prendre conscience...

B.O. de nos jeunesses, rap des 90
Il ne reviendra plus : rigamortis

Rigamortis

La soif permanente d'innover, d'être le meilleur, n'a jamais quitté notre genre musical. Et c'est probablement ce qui lui a permis de gagner. Aujourd'hui, on ne peut que constater la victoire culturelle du rap : il s'est très largement diffusé et a survécu à tous les genres nés en même temps ou depuis. Mieux, il a fini par tous les influencer. Cela tient d'abord à un élément très simple : aucune musique n'est plus accessible. Nul besoin de faire huit ans de conservatoire ou même de posséder un instrument. Un stylo, une feuille, et n'importe qui peut commencer à rapper. La force du rap est de créer plus de membres actifs que d'auditeurs passifs, d'être moins consommé que pratiqué. C'était particulièrement vrai à notre époque, mais ça le reste aujourd'hui, d'autant que la composition s'est largement simplifiée avec les nouvelles technologies.

Cette victoire n'est pas forcément celle du rap que nous défendons et pratiquons. Le discours de fond s'est réduit dans notre musique, à l'image de son environnement. Nous l'avons exprimé dans *Rap de droite* : « *On veut du caviar bien gras, pas du 0 % / Gros cigares et vodka, loin du merguez d'antan / VIP et Cristal, diamants dans les dents, tout dans la tendance* ». Certains artistes sont culturellement formatés par la téléréalité et la société de consommation, par un modèle de société promu par Nicolas Sarkozy et son rapport décomplexé à la richesse. Le comble, c'est de voir certains politiques se plaindre de ces rappeurs qui seraient des voyous : ils ne font que suivre leur modèle ! Ils rêvent d'être comme eux, d'avoir leur vie, leurs moyens, leur richesse, leur pouvoir, pas vraiment de « *peace, love, unity and having fun* ».

En 2020, le rap est devenu une part assez large de la variété française. Ce n'est pas un gros mot : musique variée, l'idée est belle, et la variété d'aujourd'hui nous plaît bien davantage que celle des années 80 qui n'avait aucun allèle commun avec notre culture. On y trouve des artistes hybrides, qui chantent mais viennent de notre musique et savent donc aussi rapper. C'est tout simplement une facette de notre genre musical, une évolution de celui-ci. Mais nous ne sommes pas là pour juger le rap d'aujourd'hui. « *Vrai rap, faux rap, éternel débat / Trop souvent alimenté par ceux qui n'en font pas / Le pire c'est qu'ils sont persuadés de posséder / La vérité et gare à ceux qui refusent d'accepter »* (*Qui est ?*). Notre préoccupation n'est pas d'avoir un avis ou de classifier les différents genres de notre musique. Chacun peut bien faire ce qu'il veut, cela ne nous empêchera pas de dormir. Nous ne sommes pas les justiciers du rap français détenant la vérité ultime, pour dire ce qui serait ou ne serait pas du rap, ou pour cracher sur le rap français d'aujourd'hui ! Notre culture et notre musique ont perduré jusqu'à maintenant : c'est bien l'essentiel.

Quant à nous, tout en évoluant, nous sommes restés fidèles depuis trente ans à une partie du rap qui continue d'exister mais n'est plus, c'est vrai, le *mainstream*. Nous le disons dans *Orthodoxes* : *« On rappe droit même quand le chaos frappe à la porte / Nous, on reste orthodoxes »*. Les valeurs cardinales du rap orthodoxe sont simples. Il privilégie le couplet au refrain. Il est sans calcul sur la longueur du morceau ou le minutage du refrain pour mieux passer à la radio : si l'on réfléchit éventuellement à ces éléments, c'est uniquement pour le bien du titre. Et l'on crée nos morceaux, nos albums, avant tout pour nous-mêmes. C'est la seule démarche artistique valable : si l'on n'assume pas notre disque, impossible de le défendre sur scène derrière. *« À tous les jeunes MC, mettez le plaisir d'abord / Le succès arrivera et le taf les mettra d'accord »* (*Depuis longtemps*).

Domination & racisme

Leurs gueules de petits saints
Veulent que moi le petit singe
Je devienne un petit chien

Ceux-là sont tranquilles, on ne les traquera pas
Car ils sont protégés par la police et l'État
Ce sont des PDG, ils siègent à l'Assemblée
Peut-être même que pour eux vous avez voté
Non soumis à l'État

Nous ne croyons ni au manichéisme ni à la prédestination, mais il est indéniable que la naissance est déterminante dans un chemin de vie. Le lieu, la couche sociale, la couleur de peau sont des bagages plus ou moins lourds lorsque l'on voit le jour : « *Certains naissent dans les choux, d'autres dans la merde* », voilà comment nous avons résumé dans *Nés sous la même étoile* ce constat que nous n'avons cessé de faire depuis le début de notre carrière. Car si ce morceau date de 1997, on ne peut pas dire que la situation se soit arrangée depuis : il serait d'autant plus d'actualité en 2020, les injustices n'ayant fait que se creuser. La tendance serait même désormais à confondre inégalités et injustices, alors que cela n'a rien à voir. Certaines inégalités sont bien sûr naturelles, c'est inévitable. Mais sous couvert de darwinisme social, il existe une tendance à maquiller les injustices réelles en inégalités naturelles : les riches s'enrichissent et les pauvres restent pauvres, ce serait l'ordre inévitable des choses. C'est une arnaque.

Au contraire, une société est censée tempérer les injustices : le rôle du politique devrait être de proposer des contrepoids aux inégalités en organisant des mécanismes de solidarité, en assurant une protection sociale, en rééquilibrant l'économie. Il se passe tout l'inverse : depuis une vingtaine d'années par exemple, tous les budgets liés à la vie des quartiers ont été coupés. Les centres sociaux, les MJC, tous ces lieux qui permettaient aux gens de se rencontrer, d'organiser des animations, de faire vivre des associations sportives, sont devenus exsangues ou ont fermé. Or ils permettaient une ouverture culturelle essentielle. Aujourd'hui, les gamins des quartiers n'ont plus rien, plus de proposition culturelle, plus de modèle à suivre.

Les élites devraient servir d'exemple : ce n'est plus le cas depuis longtemps. Politiques, et certains journalistes, toutes ces fonctions qui dominent l'espace public se sont laissé imprégner par la détérioration du langage, le culte de l'argent facile et de la consommation, la banalisation de la violence. Et elles contribuent à les perpétuer, car elles sont prises en modèle.

Le comportement de Nicolas Sarkozy quand il occupait la fonction de président de la République y est pour beaucoup. Lorsqu'il se permet d'invectiver un pêcheur en le montrant du doigt et en lui criant : « *Bah viens, descends un peu le dire* » alors qu'il est entouré de douze policiers du RAID, il donne le pire exemple possible. Quand le sommet de la hiérarchie parle et agit ainsi, comment la société pourrait-elle s'apaiser ?

Dès lors, la délinquance est très bien répartie entre les couches sociales, de celle de la misère, qui revient à voler pour manger, à celle des puissants et des « bonnes » professions. Cette dernière a néanmoins une caractéristique toute particulière : elle mène rarement en prison. « *Justice, peu de nous la rendent et trop la subissent* » (*Offishall*), c'est un processus logique de domination sociale. La délinquance en col blanc peut pourtant induire des conséquences terribles à l'échelle d'un pays entier, mais elle ne fait pas l'ouverture des journaux télévisés et ne remplit pas les tribunaux, on préfère s'attarder sur les voleurs de scooters. « *Le quartier interdit aux flics où vivent tous ces bandits c'est la Bourse / Ils ne vont pas en prison en tout cas pas les gros / Un salopard ici, chez eux c'est un mec qui a les crocs* » (*Que fait la police*). Aucun texte d'IAM ne s'en prend frontalement aux forces de l'ordre, point de « fuck la police » dans nos morceaux, mais cette différence de traitement est un problème majeur qui nous choque. La police court après les malfrats, mais seulement ceux des quartiers populaires : la délinquance financière et politique vit des jours paisibles. Combien d'hommes et de femmes politiques passent au travers des mailles du filet en France ? C'est un système de caste.

Pourtant des solutions existent. Il y a des pays où l'exemplarité des personnes au pouvoir est une évidence, où toutes les dépenses d'argent public sont transparentes, où un ministre qui s'offre un bouquet de fleurs aux frais de l'État est contraint de démissionner.

Dans un autre registre, nous pourrions aussi nous inspirer de nombreux pays asiatiques où l'agressivité est désamorcée par les codes de comportement en société, régis par la politesse, la valorisation d'autrui ou encore la discrétion. Ces solutions, elles sont sociales et politiques : cela passe par des décisions sur le vivre ensemble dans notre pays. On en est très loin : on préfère laisser s'installer l'ignorance, sur laquelle prospèrent les injustices et la violence. Le seul moyen de les faire reculer, c'est le savoir, la culture, l'instruction, l'échange.

Ils veulent du mouton et gras
qui répond à l'appel
Et si l'un d'eux prend son envol
ils lui coupent les ailes
Cherche pas de tremplin sur la route,
ils l'ont rempli de colle
Le tri est fait sans que tu le saches
sur les bancs de l'école

Géométrie de l'ennui

Malheureusement, l'école ne remplit plus assez bien ce rôle. Elle est même devenue le lieu où, dès le plus jeune âge, chaque individu fait connaissance avec la domination sociale. À Marseille, l'état de délabrement de nombreux établissements est un scandale. Les programmes de l'Éducation nationale sont trop souvent déconnectés de ce que vivent dans leur quotidien les élèves, notamment ceux des quartiers les plus défavorisés, ce qui nourrit les décrochages scolaires. Quant à certains professeurs, ils feraient mieux de changer de métier. « *Quelques profs ont glorifié mes défaites / L'immense majorité rangé mes ambitions / Pliées dans une boîte d'allumettes / Étalonnée de 0 à 20* » (*Grands rêves, grandes boîtes*) : quand leur unique arme avec un élève en difficulté scolaire est de le punir et de le dévaloriser, puis de l'abandonner, ils ne lui enseignent rien d'autre que la violence.

Le métier de professeur est fondamental pour notre société, on ne peut pas se permettre de le confier à n'importe qui : certains d'entre eux sont au contact des enfants alors qu'ils n'ont rien à y faire. Mais attention, tout n'est pas de la faute de l'institution, loin de là. Les profs manquent de moyens et de formation pour exercer correctement leur métier, c'est un fait. Et nombre d'entre eux sont la cible permanente des parents d'élèves, même lorsqu'ils font correctement leur boulot.

Quand nous étions gamins, nous n'avions pas intérêt à ce que nos parents se fassent convoquer par un professeur ou le directeur d'établissement ; c'étaient punition et guerre assurée à la maison ! Aujourd'hui ce respect pour la fonction enseignante a quasiment disparu, et bon nombre de parents refusent que l'on remette en cause leur enfant, quoi qu'il ait pu faire... Il est même de plus en plus courant de voir des parents d'élèves agresser les professeurs et les conseillers d'orientation. Or ce comportement peut faire de gros dégâts : un enseignant pris à partie par un parent, c'est une classe de trente ou quarante gamins qui peut en pâtir pendant plusieurs mois.

Plus globalement, l'école joue un rôle prépondérant dans la perpétuation de l'exclusion sociale, elle fait un tri dès le plus jeune âge. Nos vies d'hommes et de femmes se construisent à travers notre parcours scolaire, qui est censé donner accès à un métier. Et de ce point de vue, on n'est clairement pas *Nés sous la même étoile* : « *Lui a droit à des études poussées / Pourquoi je n'ai pas assez d'argent pour acheter leurs livres et leurs cahiers ?* » L'égalité des chances et la République pour tous sont de bien belles théories. Mais dans les faits, les disparités et la domination sociale apparaissent très tôt. Faire ses devoirs aidé par un professeur à domicile ou dans une chambre que l'on partage avec deux autres de ses frères et sœurs, ce n'est pas exactement pareil. Des gamins se retrouvent à faire leurs exercices dans les escaliers des immeubles, faute de pouvoir trouver le calme chez eux.

Pendant ce temps-là, l'accompagnement périscolaire a disparu des quartiers : il ne faut pas s'étonner de ce que deviennent certains d'entre eux dans des conditions pareilles. Si l'on continue ainsi, les fossés ne feront que se creuser davantage. Le mécanisme est rodé, et il permet la reproduction sociale à la perfection. Quand des difficultés scolaires apparaissent en 6e ou en 5e, certains gamins ont le bon nom de famille ou la bonne couleur de peau pour que l'on s'occupe d'eux. D'autres un peu moins : « *Au premier faux pas c'est direct en CAP qu'on signe.* » (*Entre la pierre et la plume*), et c'est du vécu puisque c'est arrivé à Shurik'n comme à quantité de nos proches. L'exclusion démarre bien plus tôt qu'on ne le pense : pas encore adulte et déjà hors-jeu.

Quant à ceux qui s'en sortent et réussissent à avoir le bac… À quoi bon ? L'école publique ne mène pratiquement plus à aucun métier de nos jours. Non contente de faire le tri dès le secondaire, notre société prend tout droit le chemin de la sélection par l'argent, à l'anglo-saxonne. Aujourd'hui, les écoles supérieures donnant accès à un emploi sont payantes, et le plus souvent très chères : l'université, à quelques exceptions près, n'est plus un sésame pour le monde du travail. Nous le constatons avec nos enfants : c'est la sélection par la finance, instrument de reproduction sociale parfait. Avec ça, on est assuré que chacun restera bien dans le tiroir où il est né, et dont il n'est pas censé sortir.

C'est le retour du temps des colonisés
Traitant leur peuple de pas civilisé
En fait ce qu'ils visent, c'est
"Être un bon boy" comme ils disaient,
en milieu autorisé

21/04

Le système de domination et d'oppression en place aujourd'hui en France, et que l'école perpétue par ses programmes et sa sélection sociale, repose sur un schéma double : à la fois mépris de classe, et mépris ethnique, ou pseudo-racial, les deux se recoupant en partie. Ses racines sont profondément inscrites dans notre histoire, cela remonte au colonialisme. Nous avons à l'époque construit la société en partant du principe que le lieu colonisé était une « terre vierge » où les autochtones n'étaient pas des hommes mais un peuple sans culture ni histoire. Un postulat parfait pour les anéantir et les asservir ; c'est ainsi qu'a été justifié le dénigrement d'une partie de l'humanité, permettant de légitimer l'oppression et l'esclavage. Même la Révolution française n'a rien fait pour changer ce système. La Déclaration des droits de l'homme, d'accord, mais *quid* des femmes et des esclaves ? Quand Olympe de Gouges osa soulever la question, elle fut rapidement guillotinée…

C'est sur cette base historique, et selon les mêmes mécanismes, que repose la culture dominante en France. Une forme d'arrogance paternaliste, du haut vers le bas, qui déconsidère, dénigre, dénie. Mépris de classe et mépris ethnique créent dans notre pays des problèmes sans fin, jamais résolus et presque figés.

Nous avons sans cesse l'impression de revenir quinze, trente, cinquante ans en arrière, que les soucis sont toujours les mêmes, et qu'absolument rien n'a été réglé. C'est normal, tant que l'on n'affrontera pas à bras-le-corps l'origine de ce schéma, il perdurera. Winston Churchill l'a dit, Karl Marx aussi : « *Qui ne connaît pas l'histoire est condamné à la revivre.* » Nous avons un passé ; il ne faut pas rester les yeux rivés dessus, mais il faut le connaître pour avancer.

Imhotep

De très nombreux intellectuels africains, antillais ou sud-américains ont parfaitement expliqué les rapports de domination liés à la colonisation et à l'esclavage, mais ils n'ont pas voix au chapitre. Au cours de ma scolarité, personne ne m'a parlé d'Aimé Césaire, de Frantz Fanon... Il a fallu qu'à l'âge adulte je m'intéresse de moi-même à ces questions que l'école n'avait même pas soulevées pour découvrir ces auteurs et leur pensée. Et aujourd'hui, rien n'a changé dans les programmes scolaires. Le déni historique de tout ce que les civilisations autres qu'occidentale ou gréco-romaine ont pu apporter à l'humanité est toujours aussi prégnant.

Dans la culture des dominants, les dominés sont amalgamés en un tout uniforme. Nous habitons dans les mêmes quartiers, donc nous serions tous identiques, interchangeables, « tous les mêmes ».

« On a un poil dans la main, à croire ce que dit Guerlain / Aucun but dans la vie, à part de faire des petits / Ni au revoir, ni merci, rien que des malpolis / Aucun savoir-vivre et encore moins de galanterie / Rien que des trafiquants, des dealers, des délinquants / On ne respecte plus rien, même plus nos parents » : voilà la liste (ironique) de nos tares dressée dans *Ouais c'est ça*. Les exemples de mépris lié à la culture dominante sont légion. Le rap en est une victime récurrente, comme lorsque l'on croise un journaliste casquette à l'envers qui nous fait « yo » sur un plateau de télévision.

Ou, plus grave, quand Éric Zemmour décrit notre art comme une *« sous-culture d'analphabètes »*. Son postulat est simple, le rap représente ces quartiers qu'il exècre, et il reporte sur notre genre musical tous les clichés qu'il associe à ces populations. Le rap est la sous-culture des analphabètes qui habitent les banlieues et remplissent les prisons, voilà le fond de sa pensée. Comme si le mode d'expression unique des jeunes des quartiers ne pouvait être que le rap… Éric Zemmour, et il est loin d'être le seul, prouve sa propre inculture en faisant passer les autres pour des ignorants. Il ne connaît qu'une part infime du gâteau, et il est persuadé qu'elle est meilleure que toutes les autres, qui ne valent pas la peine d'être goûtées. L'idiot se fait passer pour le plus intelligent. C'est du terrorisme intellectuel.

Ça jure avec « La France aux Français »
et tout le reste
Les vieilles habitudes ont la dent dure mais
Faudra bien qu'un jour ils s'y fassent,
on mise sur la durée
Leur vision du monde, une impasse,
un cul-de-sac, une voie sans issue

Tous les saints de la Terre

La domination culturelle et sociale s'appuie donc en partie sur un schéma raciste, mécanisme d'oppression par excellence. Bien sûr, le racisme n'a rien de nouveau, il ne fait même que se perpétuer. Nous sommes tristes de constater que l'extrême droite recrute aujourd'hui à Marseille beaucoup de militants et d'électeurs parmi les populations d'origine italienne, espagnole, arménienne ou portugaise. Or ces gens-là ont eux aussi subi un racisme important lorsqu'ils sont arrivés ici. C'est hélas un grand classique ; les rapports de domination se perpétuent en cascade, et une population victime de racisme va trop souvent appliquer le même type de mépris et de dénigrement à la population suivante. *« On ne lègue pas son poids aux autres, c'est un sabotage / Sacrée défaite que vouloir boxer la victoire de Samothrace »* (*Rap Warrior*) : c'est la solution de facilité, on fait souffrir par vengeance, parce que l'on a beaucoup souffert. Schéma triste mais habituel, qui confirme que le racisme est une colère qui se trompe de cible.

Nous connaissons bien le racisme et les discriminations en tout genre pour en avoir fait directement la désagréable expérience, à des degrés divers. Issus de populations immigrées, n'habitant pas les beaux quartiers, tenants d'une culture alternative, nous cochions toutes les cases pour subir ces phénomènes, mais Kephren et Shurik'n sont évidemment ceux qui en ont le plus souffert. Rien n'égale le racisme envers la couleur de peau, particulièrement quand elle est noire. *« On doit montrer qu'on est honnête aux flics trois fois par jour »* (*Médailles*), on galère à trouver un emploi ou un appartement, on est forcément louche au volant d'une belle voiture... Ce n'est pas nous qui le disons, c'est le constat accablant de statistiques officielles. En quelques décennies, l'ambiance s'est dégradée car au-delà de ces attitudes discriminantes, les discours ont changé.

Kheops

Je ne suis pas sûr que l'on puisse dire que le racisme est plus fort qu'avant, mais il est plus visible et plus audible. En soi, le FN n'a pas fondamentalement progressé à Marseille en trente ans, mais si certains se cachaient avant de penser « c'est toujours la faute des mêmes » ou de dire « retourne dans ton pays », cela ne les gêne plus du tout de le clamer haut et fort désormais. Ils se disent qu'ils sont nombreux à penser ainsi, cela les décomplexe… Ils se sentent protégés par un sentiment d'impunité.

Ce constat vaut hélas pour une profession qui a pourtant un devoir d'exemplarité, celle de policier. Cruelle ironie de voir certains gilets jaunes et une partie de l'opinion publique découvrir les violences policières en novembre 2018, quand les populations des quartiers abandonnés de la République les subissent depuis des décennies dans l'indifférence générale. Elles ne se sont pas arrangées depuis que la police de proximité, qui était un lien utile dont nous avons bénéficié lorsque nous étions jeunes, a été piétinée puis supprimée. Désormais, la seule mission de la police est d'interpeller, punir et réprimer. Et elle recrute de plus en plus parmi une frange de la population frustrée qui ne cherche que vengeance et conflit. Les idées identitaires gagnent du terrain au sein de la police, ce sont des faits. Zyed et Bouna, Théo, Adama Traoré, voilà la réalité.

Quand un policier interpelle quelqu'un qui n'a pas d'attitude agressive envers lui en utilisant des techniques de sports de combat, c'est un problème. Quand ses collègues manifestent pour protester contre sa mise à pied et réclamer sa réintégration, et qu'ils l'obtiennent, c'est un gros problème. Le message envoyé est terrible. Pour ceux qui vivent là où cela arrive, la seule solution sera désormais de frapper avant de se faire frapper. C'est le lot des abus de pouvoir ; quand une injustice est créée, il y a forcément une vague en retour. Le métier de policier exige par sa nature même une exemplarité. Et quand l'un d'entre eux est pris en faute, il doit être sanctionné. Quand ceux qui sont censés faire respecter la loi prétendent « rendre justice » eux-mêmes, de manière expéditive et en toute impunité, ils ne méritent ni leur badge ni leur statut. Et par ce constat, nous ne condamnons pas la police dans son ensemble. Être irréprochable, ce n'est pas nier ses erreurs. C'est les reconnaître pour pouvoir progresser.

Là encore, le mauvais exemple vient d'en haut. En quelques années à peine, les discours de Nicolas Sarkozy écrits par Patrick Buisson ou Henri Guaino et les idées nauséabondes de pseudo-intellectuels comme Éric Zemmour ou Alain Finkielkraut ont fait un mal terrible à notre pays, en banalisant un propos qui, jusqu'alors, restait la chasse gardée de l'extrême droite. Les digues sont tombées et c'est dans toute la société que cette pensée s'est banalisée.

Nos morceaux en portent quelque part les stigmates. Nous avons longtemps dénoncé le Front national, publiant notamment des morceaux aux lendemains des législatives de 1997, où le FN avait obtenu 30 % à Marseille (*Manifeste*), et de la présidentielle de 2002, qui avait vu Jean-Marie Le Pen accéder au second tour (*21/04*). Mais en 2013, c'est à Jean-François Copé de l'UMP que nous répondions dans *Pain au chocolat*, preuve que l'échiquier politique avait largement dérivé vers la droite : « *Il y en a qui se demandent toujours ce qu'on fout là, nos boubous et nos foulards / Toujours les mêmes mots qu'on entend, mais ça passe mieux ce coup-là / Banalisé le discours se durcit, et nous on encaisse / On sent l'impact de chaque propos relaté par la presse* ». Le pire, c'est que tout cela n'est que tactique électorale pour récupérer les votes FN. « *À cause de leur soif de pouvoir, des sales phrases qu'ils balancent / La peur débarque et ses fruits sont gorgés de violence* ».

Voici les auteurs, preuve à l'appui
Une vieille boussole accompagnée
d'un pauvre tapis
Une recette de maître Machiavel
Recalibrée en mode Charles Martel

Pain au chocolat

La peur, voilà un élément déterminant, elle est devenue la ressource principale des gouvernants. Depuis Machiavel, c'est une arme politique redoutable, et elle s'est perfectionnée avec le développement des nouveaux médias. Aujourd'hui, elle est devenue l'outil de manipulation indispensable pour ces politiciens à la dérive vers l'extrême droite. Le 11 septembre 2001 a marqué un changement majeur dans le monde, depuis que les tours du World Trade Center sont tombées, la peur a changé de camp. Alors qu'ils se pensaient hors d'atteinte, les pays occidentaux redécouvrent la terreur sur leur sol. Les mentalités ont basculé, la société avec : *« C'est une révolution, cette fois elle est de droite »* (*La Fin de leur monde*).

Désormais, plus c'est gros, plus ça passe. Depuis que George W. Bush et les États-Unis ont fait avaler au monde entier l'argument bidon des armes de destruction massive pour justifier la guerre en Irak, *« la vérité fond comme la calotte des pôles »* (*Armes de distraction massive*). Les politiques appliquent la recette tous les jours, sur tous les sujets. L'extrême droite s'en est fait une spécialité grâce entre autres à Internet qu'elle a investi très tôt et très efficacement, elle est devenue experte en *fake news*. Mentez, il en restera toujours quelque chose. Ils racontent n'importe quoi à la télévision ou sur Internet, à longueur de journée, et même s'ils sont immédiatement contredits, le venin pénètre…

La peur est beaucoup plus puissante que l'espoir, car le second permet de lentement bâtir des édifices que la première réduit en poussière en un instant. Nous n'avons jamais renoncé, et nous ne renoncerons jamais à dénoncer les rapports de domination, l'exclusion, le racisme. Tant qu'ils ne seront pas lassés, nous ne serons pas lassés non plus. Quand, en concert, des dizaines de milliers de personnes reprennent nos textes, nous avons l'impression d'avoir, à notre échelle, une petite influence. Malheureusement, nous savons aussi que le moindre fait d'actualité annule tous nos discours en une fraction de seconde. C'est comme écoper l'océan à la petite cuiller et voir un tsunami nous submerger.

L'Occident n'avait plus d'ennemi depuis la chute du mur de Berlin et la fin de l'URSS ; il s'en est trouvé un nouveau au lendemain du 11 septembre 2001. On est passé de « méfiez-vous des communistes » à « méfiez-vous des musulmans », mais la mécanique n'a pas bougé d'un iota. Cela donne la guerre en Afghanistan, puis celle en Irak, et un racisme antimusulman qui s'est décuplé depuis le début du siècle. La recette est vieille comme le monde. Avant le communiste, il y avait eu le Juif, le Slave ou autre « tête de Turc »... À chaque époque son bouc émissaire.

La remise en perspective peut faire froid dans le dos. Si l'on se projette un peu moins de cent ans en arrière et que l'on remplace le mot « juif » par le mot « musulman », on se rend compte que l'Histoire se répète. C'est le même système, propagande hier, *fake news* aujourd'hui, le scénario est identique et l'on fonce à nouveau tête baissée dans le mur. Surfer sur les émotions et sur la peur, c'est la politique de la ligne droite ; pointer du doigt un coupable facile à identifier pour éviter de se poser trop de questions. Il est pernicieux d'entretenir ce manque de discernement et ces jugements irréfléchis dans l'opinion publique.

Mais notre discours antiraciste est parfois considéré comme de l'angélisme. Et puis nous sommes issus de l'immigration, alors nous ne serions pas légitimes à proposer notre vision de ce qu'est ce pays. *« Nous on se prend des leçons de France des évadés fiscaux »* (*Orthodoxes*) : des élus RN soupçonnés d'évasion fiscale au Panama et un tas de pseudo-penseurs réactionnaires voudraient nous expliquer la vie ? Nous vivons dans un tissu social qui reflète toute l'histoire de France, y compris celle des populations issues de la colonisation ou de l'exil. Depuis deux mille six cents ans, l'histoire de Marseille est celle d'un carrefour de peuples et de civilisations, où « l'art-de-vivre-ensemble » est une spécialité. Ici, la diversité est depuis toujours compatible avec l'égalité et la solidarité.

Nous sommes l'antithèse historique du prétendu « conflit de civilisations » prêché par d'ignorants va-t-en-guerre de tous bords. Par exemple, de nombreux Marseillais sont les enfants et petits-enfants de tirailleurs sénégalais, algériens ou de tabors marocains. Ces soldats de l'armée d'Afrique ont versé le sang pour libérer notre région du joug nazi en 1944. Leurs descendants sont-ils vraiment moins français que les héritiers de la collaboration et autres enfants de Pétain, qui voudraient aujourd'hui nous faire la leçon ?

Les promesses dorment dans la virtualité
Ibrahim assassiné, ça c'est la réalité

La Réalité

Il ne faut pas céder à ce schéma pernicieux. C'est pourquoi, avec le temps, nous avons évolué sur certains sujets. Nous avons par exemple revendiqué dans *United* le drapeau français, ce que nous n'aurions probablement jamais fait plus jeunes : *« Bleu, blanc, rouge, ouais c'est à nous aussi / United, même si on n'a pas les mêmes racines »*. En soi, ces trois couleurs ne nous parlent absolument pas : au Paris bleu et rouge qui encadre le blanc de la royauté, nous préférons le blanc et bleu de Marseille, ou le rouge et jaune de la

Provence. Mais puisque cet étendard tricolore est l'emblème du pays où nous vivons, il est hors de question de le laisser aux mains de racistes ou de fascistes qui voudraient nous le confisquer.

En effet, alors qu'ils prétendent faire du drapeau et de l'hymne national des symboles de leur combat, ils reprochent par exemple à certains joueurs de l'équipe de France de foot de ne pas chanter *La Marseillaise*. Ce débat est ridicule, et il émerge comme par hasard quand les joueurs sont essentiellement de couleur noire ou d'origine maghrébine. Michel Platini a très bien résumé la situation, lorsqu'il était lui-même en équipe de France, personne ne leur reprochait de ne pas chanter l'hymne national. Oui, mais ils étaient quasiment tous blancs... L'observation des débats publics sur l'équipe de France de foot est à certains égards fascinante et extrêmement révélatrice. Quand ils gagnent, ils sont bleus ; quand ils perdent, ils sont noirs.

Il ne faut donc pas céder, et il ne faut pas oublier, non plus. À plusieurs reprises, dans nos textes, nous rappelons la mémoire d'Ibrahim Ali, assassiné en 1995 à Marseille par un colleur d'affiches du Front national, Robert Lagier. Nous avions déjà rencontré Ibrahim, jeune passionné de hip-hop qui fréquentait le groupe de rap B-Vice. Et c'est justement en sortant d'une répétition que le groupe fut pris pour cible par trois militants du Front national, et qu'Ibrahim fut tué d'une balle dans le dos en tentant de leur échapper. Il n'avait que 17 ans. « *Pourtant aucun colleur d'affiches s'est fait buter et Dieu sait / Que verser de l'eau sur une pierre gravée, ça la fait pas pousser* » (*C'est donc ça nos vies*).

Akhenaton

Après cet assassinat, nous avons pris part à la manifestation organisée en mémoire d'Ibrahim et nous avons également participé au concert en son hommage. Surtout, je me souviendrai toute ma vie du moment passé avec sa mère le lendemain soir… Dans son immense dignité, elle exhorta les amis d'Ibrahim à ne pas tomber dans la spirale de la violence. Rien n'est plus difficile que de composer avec le chagrin et la douleur de ceux qui restent. C'était un acte gratuit, un lynchage, ils ont tiré dans le dos d'écoliers qui partaient en courant ; la haine, l'ignorance, la méchanceté, la bêtise humaine à leur paroxysme. C'est triste à dire, mais ce n'était pas rare dans les années 1970 et 1980, et cela pourrait à nouveau arriver demain. Néanmoins, la vigilance s'est accrue depuis, grâce notamment à Internet ; un tel meurtre aujourd'hui passerait encore moins inaperçu qu'alors, et cela pourrait générer une réaction terrible.

Nous avons toujours prôné la non-violence, mais nous n'avons dans le même temps jamais caché que « *Pendant les heures creuses, on allait esquinter du skin* » (*Nos heures de gloire*). Fallait-il se laisser tabasser par ces racistes pour être à tout prix en adéquation avec nos écrits ? Le seul objectif des skinheads, lorsque nous étions plus jeunes, était de nous faire la peau. Quel dialogue est possible dans ces conditions ? avec ceux dont la seule raison d'être était de nous massacrer ? Après avoir subi ces agressions à répétition, nous avons dû nous résoudre à nous défendre.

Un jour cependant, deux d'entre eux ont toqué à la porte d'une de nos soirées hip-hop. Ils avaient toute la panoplie : bombers, drapeau français brodé, skins de la tête aux pieds. Mais ils voulaient découvrir ce que l'on faisait, connaître notre culture. Il y avait une centaine de personnes, nous aurions pu les lyncher. Ils ont passé la soirée avec nous, et Buck et Loris ont fini par abandonner leur tenue de skin. C'est la différence fondamentale entre eux et nous. Nous ne sommes pas dans l'idéologie, nous ne voulons pas leur mort, nous ne faisons que nous défendre face à eux. S'ils viennent en paix, s'ils veulent partager notre culture, il n'y a pas de problème. Les petites victoires sont donc toujours possibles ; de quoi garder un peu espoir…

Ce noir constat m'oblige à prendre des risques
À libérer ma pensée, à devenir un journaliste
Un fugitif, un dénonciateur, un haut-parleur
Trop souvent placé au centre du viseur

Dangereux

L'oppression, le racisme, les injustices sont des réalités que nous nous échinons à décrire et dénoncer. Cette volonté nous anime depuis la création du groupe. Nous n'avons pas été les premiers à le faire bien sûr, mais nous avons toujours eu la volonté de proposer un rap écrit, pensé, revendicatif. Ce n'est ni du militantisme ni de la politique. Nous dressons des constats, car notre position nous le permet. Peu de gens issus des classes populaires ont hélas la possibilité de faire des disques, d'intervenir dans le débat public, d'être invités sur les plateaux télés… « *Mon délit est de parler haut / Relater ce que mes consorts n'exprimeront jamais dans un micro* » (*Dangereux*).

Dans une société régie par les rapports de domination, notre parole reflète souvent la pensée de nombreuses personnes qui n'ont pas l'occasion de se faire entendre. Car le rap s'inscrit dans la lignée d'une tradition millénaire, celle de l'oralité. Jadis, les conteurs racontaient des histoires ou apportaient des nouvelles aux populations. Le rap vient de là, et lorsque son écriture est soignée, il peut prendre une forme qui se rapproche en quelque sorte du journalisme.

Nous ne sommes les porte-parole de personne mais de simples témoins, des haut-parleurs. Nous donnons notre point de vue, et nous n'oublions pas de nous englober dans les constats que nous faisons. Nous ne nous sentons pas davantage investis d'une mission, ou plus qualifiés que d'autres pour le faire : nous écrivons ces textes et les assumons totalement, car c'est ainsi que nous concevons le rap. C'est notre moyen d'expression, et il nous a valu parfois d'être taxés de moralisateurs. Mais avoir une morale et observer le monde tel qu'il est, ce n'est pas être moralisateur. Nous avons un discours réfléchi, nous sommes là pour dénoncer ce qui nous semble anormal. Et ensuite, notre public en fait ce qu'il veut, en espérant que cela puisse avoir une portée bien sûr, mais sans se soucier des étiquettes ou des jugements. L'acte de création artistique est, avant toute autre chose, un acte égoïste.

Shurik'n

Je crois que les multiples étiquettes, souvent contradictoires, que l'on a pu nous accoler viennent du fait que nous avons en réalité peu d'accroches. La sphère médiatique nous a qualifiés de rap conscient, de rap intellectuel, de subversifs ou à l'inverse de politiquement corrects... En réalité, nous nous moquons pas mal de tout ça. La seule question que nous nous sommes toujours posée avec Akhenaton au moment d'écrire, c'est : de quoi avons-nous envie de parler, et comment voulons-nous en parler ? Comment les gens vont l'entendre, l'accueillir, ce que cela va déclencher en eux, toutes ces interrogations n'existent pas au moment de l'écriture. C'est seulement ensuite, lorsque nous avons des retours sur certains morceaux une fois qu'ils sont sortis, qu'il peut y avoir la satisfaction de se dire : tiens, nous avons été entendus, ça percute.

Nous sommes indéniablement animés par la volonté de changer les choses. Mais nous sommes lucides. *« Chacun son boulet, sans ambition la vie c'est trop long / Écrire des poèmes, pisser violent dans un violon »* (*Nés sous la même étoile*) ; nous nous battons avec nos armes, le stylo et la feuille, mais elles ne pèsent pas grand-chose. Il ne s'agit pas d'entrer en résistance ou de faire la révolution. Mais peut-être que nos textes vont résonner dans la tête des gens, si possible avec du pouvoir, et les influencer un jour ou l'autre. Qu'un jour nous verrons, ou nos enfants, *La Fin de leur monde*. Nous sommes certains d'une chose : jamais les injustices ne disparaîtront totalement. Mais il est possible de les combattre, dans l'espoir de les atténuer. Seule la résignation rend le destin inexorable.

Individualisme

Regarde-les tous pressés
Se pousser, se shooter, se piétiner

Je veux qu'on me suive comme Moïse
Que le monde sache ce que je suis
J'envoie des pics de mes chemises
Et ça c'est mon chat, il n'est pas joli ?
Que tout le monde voit mon plat de midi
Trop de parmesan sur mes gnocchis

Mwa

Au cœur même de notre nom, IAM, « j'existe », réside une idée pour nous fondamentale : nous vivons tous sur la même planète, nous sommes une seule grande famille, et tout ce qui coexiste sur Terre interagit. Il est donc pour nous capital de lutter contre la tentation individualiste qui a hélas contaminé la société : les problèmes ne vont pas disparaître en fermant les yeux, au contraire, c'est même le meilleur moyen de les laisser se propager et d'en subir les conséquences.

Dans nos textes, nous évoquons autant le microcosme – notre quartier, notre ville, surtout à nos débuts d'ailleurs – que le macrocosme – la planète tout entière. Nos deux célèbres morceaux fleuves, *Demain c'est loin* et *La Fin de leur monde*, sont en quelque sorte consacrés à l'un et à l'autre. Pour nous, c'est une évidence de nous considérer comme des éléments d'un tout. Cela vient peut-être de nos expériences personnelles ; nous nous sommes construits au travers d'un large groupe d'amis et d'un groupe de musique, pas au travers d'études puis d'une profession où il s'agit d'être le plus productif, quitte à écraser les autres. Certaines écoles et certains métiers prédisposent indéniablement à l'individualisme, voire l'érigent en qualité fondamentale.

Dans notre société hiérarchisée par les rapports de domination, cet individualisme se traduit par la guerre de tous contre tous, et devient un instrument de contrôle des masses. Dans *La Fabrication du consentement*, Noam Chomsky montre que l'isolement de l'individu, en détruisant le lien social, permet d'obtenir résignation et obéissance des populations. Il ne s'agit pas d'un complot, mais d'un outil politique, que nous dénonçons régulièrement depuis trente ans, dans *Armes de distraction massive* par exemple. Ici, l'instrument en question est celui de la consommation et des rêves faciles, le bon vieux procédé du pain et des jeux. En faisant scintiller le miroir aux alouettes, on évite que la masse regarde ailleurs. C'est à la fois ce qui permet l'exclusion et son résultat. On veut toujours ce que l'on n'a pas. On m'exclut ? Je veux être comme eux.

Le rêve en boîte vendu par la société est pourtant bien pauvre : *« Depuis vingt ans la culture prend un sacré coup de chaud / Et que tout ce que veut la masse a le sale goût de Calimucho »* (*On va tous les zinguer*). Mais il semble accessible, alors il plaît. Même sans rien faire de spécial dans la vie, on peut passer à la télé, faire la couverture des magazines people ou devenir « influenceur » sur les réseaux sociaux. Tout le monde voit que c'est possible, alors tout le monde s'y essaie. Se faire remarquer en boîte ou dans un bar pour intégrer le casting d'une téléréalité ou raconter toute sa vie sur Instagram et Snapchat pour accumuler les *followers* et les *likes* est devenu un objectif dans la vie d'un nombre incroyable de gens, et de plus en plus jeunes. Résultat : ils ne pensent qu'à eux, plus jamais aux autres. Il faut toujours être au top, être vu.

L'individualismc amplifié par les réseaux sociaux – à tel point qu'ils se transforment en réseaux asociaux – devient l'instrument parfait du renoncement collectif et de la soumission consentie.

Les groupes humains sont atomisés en une infinité d'individualités, rendues aveugles les unes aux autres. Cette nouvelle donne a tout changé, elle a ébranlé la solidarité, les avancées collectives, les bons sentiments, l'empathie. Les gens ne s'aident plus et ne s'aiment plus. Quelqu'un se noie, il y a dix personnes pour le filmer, aucune pour aller le sauver. Ce schéma de pensée nous attriste et nous rend même cyniques, comme nous l'avons exprimé dans le morceau *Remember* sur *Yasuke* : *« Des faux prophètes égoïstes, lâches envers l'univers / Tout ça se finira sous un déluge d'astéroïdes »*. L'homme a beau gesticuler, il sera rayé de la planète, et celle-ci continuera à vivre sans lui. Nous ne sommes rien, *« des grains de poussière vaniteux qui se prennent pour des dieux »* (*Bienvenue*).

Y'en a que pour les biftons
Entourlouper les potes, c'est comme
réussir un petit pont

*C*A*S*H**

Deux éléments fonctionnent comme des carburants au sein de ce schéma individualiste. Le premier est l'argent, qui commande la marche de notre société. Ce n'est pas la crédibilité, le discours ou le pouvoir des gens qui sont le plus souvent scrutés et observés, mais leur puissance financière. En tant que groupe de musique, nous sommes nous aussi assujettis au pouvoir de l'argent. Par exemple, notre public ne comprendrait pas que nous réalisions un clip modeste faute d'un budget suffisant. Pour ne pas décevoir dans un contexte très concurrentiel, nous devons donc financer des vidéos à la hauteur de l'attente de l'audience et de la nôtre. Même si nous dénonçons les excès du système capitaliste, nos activités artistiques s'inscrivent forcément dans une économie de marché.

L'argent existe depuis des millénaires et il peut être un vecteur de progrès dans une société où le partage existe. Mais l'économie de marché, ce n'est pas la même chose que le capitalisme exacerbé. Dans un monde où chacun est en concurrence avec chacun, l'argent divise. Et la fracture n'est pas uniquement entre riches et pauvres. La société est plutôt fragmentée en milliers d'individus, dont la seule devise est « chacun pour soi » : *« Le manque d'argent pèse, les mecs deviennent avides / Les potes s'arnaquent ou se braquent dès que le jour se débine »* (*C'est donc ça nos vies*). C'est le modèle proposé par notre société où la fourberie, la trahison sont saluées, récompensées. Dans les grandes entreprises, il faut être plus vicieux que l'autre pour lui piquer un marché, un poste, un budget… C'est le western généralisé. Comme dans des émissions de téléréalité où les gagnants sont ceux qui ont su le mieux mentir et dissimuler.

Le deuxième élément, c'est justement la magie de l'image. Elle est un outil puissant de diffusion de ce modèle de société, et nous n'avons eu de cesse de le souligner depuis qu'IAM existe en dénonçant notamment l'impact de la télévision et de la culture qu'elle promeut. Au début des années 1990 dans *J'aurais pu croire* : « *Leurs reality shows, leur télé pourrie / Leur voyeurisme à faire pleurer les mamies / La poudre aux yeux, telle est leur stratégie* ». Quelques années plus tard dans *La 25e image* : « *Les yeux rivés sur la télé, rien ne m'échappait / J'étais fasciné par les truands et la vie qu'ils menaient* ». Encore à la fin des années 2000 dans *Rien de personnel* : « *Informations déformées, illusion télévisée / Tout le monde sait que les bons / Sont pas mieux que les mauvais* ». Rêve en boîte et domination sociale, tout est là.

Internet est venu aggraver ce que causait déjà seule la télé. On aurait pu espérer que la technologie serait un vecteur de diffusion de savoir et d'intelligence, elle permet surtout de multiplier à l'infini les contenus affligeants. Nous sommes passés de l'« *illusion télévisée* » à l'illusion numérisée, ou l'illusion de l'image en général. Nous vivons dans une sorte de réalité virtuelle nous laissant croire que nos besoins sont multiples, alors qu'il n'en est rien : c'est la conséquence directe de la société de consommation et de possession dans laquelle nous vivons. Le but aujourd'hui est d'avoir, à tout prix.

La société de consommation n'est pas nouvelle, nous en sommes tous les otages consentants – à moins de vivre en autarcie dans une vallée reculée ! Et cette société n'était pas plus vertueuse il y a trente ans. Mais les moyens techniques ont décuplé son emprise et ses méfaits. Il est beaucoup plus facile d'avoir, mais aussi de montrer, que lorsque nous étions jeunes. Il faut donc posséder, et le faire savoir à tout le monde, bien au-delà de son école ou de son quartier. Cette culture-là fait qu'un jeune adulte pourtant précaire va par exemple s'acheter une paire de chaussures hors de prix plutôt que d'investir dans un véhicule pour pouvoir travailler.

Kephren

Notre société d'hyper-communication a en outre créé une nouvelle forme d'exclusion assez paradoxale, elle concerne des personnes à la fois très connectées et très seules. Lorsque nous étions encore à l'école, des jeunes pouvaient être jugés parce qu'ils ne portaient pas les bonnes fringues, n'utilisaient pas le bon vocabulaire, n'écoutaient pas la bonne musique. Mais à l'époque, qui se moquait ? Peut-être dix ou vingt personnes. Aujourd'hui, tout se passe en ligne ; on s'échange les vidéos et les snaps, et l'exclusion peut devenir virale, donc généralisée. On va reconnaître dans la rue un type d'une autre ville qu'on a vu se faire charrier sur les réseaux sociaux ! Et c'est impossible de lutter contre ça. Nous en parlons dans *Peines profondes* : « *Fais gaffe à ce que tu dis et de qui tu te fous / Certaines plaies marquent à vie, ici tout a un coût / Les peines les plus profondes peuvent déclencher la foudre* ». La portée des moqueries s'est décuplée, et leurs conséquences potentielles avec, cela peut tout simplement briser des vies.

C'est fou, on évolue dans un terrain limité
Avec un plan de société merdique à imiter
Orthodoxes

Le seul modèle à la disposition des populations les plus modestes aujourd'hui est violent et sans horizon. C'est celui de la téléréalité, de la consommation vantée par la publicité ou du gars en bas de son immeuble qui roule dans une grosse voiture, revolver à la ceinture. Notre société ridiculise l'entraide et la prise en compte de nos différences. Les patrons, les médias, les manifestants, les ouvriers, tout le monde, de l'école maternelle à nos hommes et femmes politiques, adopte un comportement bien plus violent qu'empathique, car c'est le meilleur moyen d'obtenir ce que l'on veut. Alors on finit par devenir violent à son tour… « *En parler au journal tous les soirs ça devient banal / Ça s'imprime dans la rétine comme situation normale / Et si petit frère veut faire parler de lui / Il réitère ce qu'il a vu avant 8 heures et demie* » (*Petit frère*).

La culture d'une société définit toujours les contours de celle-ci. Le filtre culturel est ce qui permet de prendre du recul, de faire la différence entre la vie et une série, un jeu vidéo, un film. Mais quand ce socle culturel n'est pas transmis par l'éducation, les gamins ne peuvent pas le créer *ex nihilo*. La prise de conscience de l'appauvrissement culturel devrait être à la fois locale et nationale, car toutes les composantes de la société sont concernées. Nous l'avons bien remarqué, en tant que groupe de rap. Dans les années 1990, on nous disait régulièrement que nos textes pourraient être encore plus poussés, recherchés. Depuis les années 2000, on nous dit surtout qu'ils sont trop compliqués. Il y a eu une chute brutale du vocabulaire et du niveau culturel. Tout le monde se met à mal parler, y compris des gens instruits ; c'est devenu un style, une mode.

Comment lutter contre cet abrutissement des masses ? Pourquoi le hip-hop, mouvement culturel fédérateur et vecteur d'éducation populaire, est-il si peu pris en compte et soutenu par les institutions culturelles ? Comment réduire cette fracture terrible entre une « culture officielle », élitiste et clivante, et le mouvement hip-hop relégué en sous-culture de ghetto postcolonial ? Alors que dans le même temps, le modèle de culture populaire véhiculé par les médias dominants est vraiment de piètre qualité.

La télévision ne nous propose plus que des jeux sans intérêt et des émissions consternantes, les Marseillais on ne sait où et les Chtis ailleurs encore. Mais c'est aussi confortable de s'en contenter, de se moquer des candidats de ces émissions parce qu'on les trouve idiots et que cela rassure, ou de se prendre en photo avec des filtres pour se valoriser toute la journée. « *On sacrifie le vivre ensemble / En validant de la merde posés sur le divan* » (*Remember*) : ce n'est pas parce que le contenu qu'on nous propose est facile à avaler qu'il faut l'accepter. Malheureusement, beaucoup y sont confrontés de plus en plus jeunes, dès 7 ou 8 ans, et cela rend d'autant plus difficile toute prise de conscience personnelle.

La violence m'exaspère, ces types
me sont antipathiques
Surtout quand elle est gratuite
Un homme est un homme avec ou sans le chrome
Se battre pour la réputation, c'est se battre
contre des fantômes

L'Enfer

Parmi les nombreuses conséquences qu'engendre notre société individualiste, l'une des plus visibles est l'omniprésence de la violence autour de nous. Il ne s'agit pas de dire que la paix régnait avant. Ce sujet traverse d'ailleurs toute notre discographie : « *La vie c'est violent, le monde c'est violent / L'argent c'est violent, les news c'est violent / L'école c'est violent, l'amour c'est violent / La rue c'est violent, donc le rap c'est violent* », comme nous en faisons l'amer constat dans *CQFD*. Notre art n'est que l'écho du monde dans lequel nous vivons, « *alors OK c'est décevant* », mais puisque la violence est généralisée dans toutes les couches de notre société, « *y'a rien d'étonnant* » à ce que nous l'évoquions très régulièrement dans nos textes.

La violence est cependant un phénomène mouvant. Jeunes, nous vivions dans une ville tout aussi brutale, mais c'était surtout lié au grand banditisme ou aux drogues dures. Aujourd'hui la violence gratuite, qu'elle soit verbale ou physique, s'est généralisée dans les rapports humains. C'est la violence de derrière le volant, de l'impolitesse et de la brutalité dans les commerces et les services publics, des actes de tous les jours. La violence aussi du « petit chef », qui use jusqu'à la corde son pouvoir de nuisance. Les sourires ont trop souvent laissé la place à l'agressivité, et l'escalade est de plus en plus courante : « *Un pauvre mec pour une place de parking / Se prend deux balles et laisse derrière lui deux orphelines* » (*Regarde*).

Une caractéristique majeure de cette violence, c'est qu'elle est très souvent horizontale, entre personnes du même rang social, particulièrement parmi les populations les plus précaires. C'est un constat que nous faisons souvent dans nos morceaux et pour lequel nous avons une sorte de proverbe : la guerre des pauvres, c'est la paix des riches. L'origine de cette violence est très simple. La tension de tous les jours est forte, il faut trouver un travail, remplir son assiette, supporter la brutalité du quotidien et des autres. À force, les gens explosent et dans ces cas-là, c'est celui qui est le plus proche, le voisin, qui devient la cible. Or il en est exactement au même point de frustration et de tension, la moindre étincelle peut devenir un incendie.

Dans certains quartiers, notamment à Marseille, tous les voyants sont au rouge. Le chômage des jeunes atteint des records, les structures sont dépassées, voire inexistantes, l'urbanisme est une catastrophe… Et l'individualisme n'a rien arrangé, en se repliant sur eux-mêmes, bien des gens ont troqué la solidarité et l'entraide pour la violence et la jalousie. « *Il a beau dire que ses parents n'ont pas un sou / Au fond, tout le monde s'en fout / Les trois types, les gens autour, gratuitement la lame est soudaine / L'Opinel pénètre, dix centimètres dans l'abdomen* » (*Un cri court dans la nuit*). Pourtant, la pauvreté a probablement reculé depuis quarante ans. À l'époque, Marseille comptait plusieurs bidonvilles et des quartiers dignes du tiers-monde. Mais si la pauvreté extrême recule, la pauvreté relative augmente et les inégalités se creusent, générant frustrations et envies. La brutalité est devenue un moyen d'obtenir ce dont on a peur de manquer, jusque dans des lieux comme les Restos du cœur.

C'est la consécration d'une forme de délinquance « de droite » parmi les populations les plus pauvres, directement liée à la culture promue par la société et la violence qui la traverse. Le schéma est simple, il faut posséder, tant pis si c'est par des moyens illicites. Avoir ce que l'on voit à la télé, sur Internet, dans les publicités... La culture du néant empêche de se construire un autre background culturel que celui de la consommation à outrance, pur produit du capitalisme, ou d'avoir d'autres ressources à mobiliser, comme la contemplation, les bonheurs simples, être « *ravi d'un rien parce qu'habitué à peu* » (*Mon texte, le savon*)...

D'ailleurs cette violence se nourrit aussi de l'illusion de l'image et des avancées numériques. La guerre et les faits divers violents tournaient déjà en boucle sur les chaînes d'info, et Internet est venu exacerber ce phénomène. La moindre bagarre filmée est visionnée des millions de fois, partout dans le monde. L'image fascine, nourrit, comme nous l'avons décrit dans *La 25e image*, et on en veut toujours plus, au point d'aller soi-même chercher sur Internet un peu plus de brutalité… ou de la créer. C'est une surenchère, filmer une bonne bagarre, peut-être en la provoquant, c'est le buzz assuré.

Aujourd'hui, la violence est omniprésente en ligne, y compris sur les réseaux sociaux, où les insultes et les propos abjects volent, souvent sous couvert d'anonymat. C'est sans doute la preuve que cet outil, si bénéfique puisse-t-il être en théorie, a été sérieusement dévoyé et aurait besoin de régulation. Nous ne pouvons pas dire n'importe quoi dans nos morceaux, ce devrait être la même chose en ligne. Pour avoir une société équilibrée, il faut un minimum de règles. Et ça ne signifie pas vivre en dictature. Pourquoi quelqu'un disant une énormité à la radio, dans la presse ou à la télévision serait-il poursuivi, mais pas s'il dit la même chose sur Internet ? Nous sommes, entre autres, pour la levée de l'anonymat sur le web.

Un premier s'arme, 200 le suivent et des milliers de personnes vivent
Dans la pression

1 Gun, 2 Gunz, 3

Ce qui peut aussi expliquer l'individualisme, c'est un sentiment diffus face à la domination sociale et à l'exclusion, celui d'être dépassé par les événements, de ne pas se sentir capable de penser au-delà de soi-même. C'est en partie lié à la surinformation de notre monde ultra-connecté, qui nous alerte sur tout, tout le temps, même sans le vouloir. Dans la société de nos jeunes années, l'individualisme existait bien sûr, mais il était bien moins exacerbé qu'aujourd'hui. Persistait encore une culture du village, du lien social, où les gens s'ouvraient à l'autre, sortaient de chez eux, savaient être solidaires dans les moments difficiles.

Shurik'n

L'ampleur des violences et des inégalités est telle autour de nous, et dans le monde entier, qu'elle nous mène souvent à une forme de passivité nourrie par un sentiment d'impuissance. Ce n'est pas systématique, il reste heureusement des gens qui s'activent sur le terrain et essaient de limiter les dégâts. Mais cela tourne le plus souvent à l'indifférence face à ce qui nous entoure, et c'est en soi une violence supplémentaire. On sait tout, mais on ne fera rien. Ne pas se soucier de la misère d'autrui, des drames ailleurs dans le monde, de ce que nous laisserons à nos enfants. Nous sommes devenus indifférents à tout, sauf à nous-mêmes.

Quand l'individualisme prend le dessus, on ne lutte plus pour la survie de sa communauté, mais seulement pour la sienne propre. Nous avions pressenti cette dérive au moment d'écrire *Petit frère*, au milieu des années 1990. *« Petit frère rêve de bagnoles, de fringues et de thunes / De réputation de dur, pour tout ça il volerait la Lune / Il collectionne les méfaits sans se soucier / Du mal qu'il fait, tout en demandant du respect »*. Le phénomène n'est donc pas nouveau mais il s'est aggravé depuis.

Notre *Petit frère* a des aspects bien gentillets pour le monde d'aujourd'hui. *« Dans les boums, qui sont désormais des soirées, plus de sirop Teisseire / Petit frère veut des bières »* ; *« Soucieux du regard des gens / Malgré son jeune âge, petit frère fume pour paraître plus grand »*. Le même attend désormais son prof à la sortie de l'école pour le zinguer… Le phénomène est ici aussi celui de l'escalade. Le petit frère de *Petit frère* va plus loin que son aîné, et ainsi de suite, génération après génération, puisque la situation générale ne s'améliore pas et qu'aucun autre modèle ne lui est accessible. Sans volonté politique, sans alternative à la culture du néant, on en restera à ce puits sans fond. Dans les quartiers, dix personnes ont des armes par plaisir, pour l'adrénaline, et tous les autres n'en ont que parce qu'ils ont peur des dix premiers et qu'ils veulent se protéger. Voilà comment s'installent l'escalade et le repli sur soi.

Ce phénomène vient aussi aggraver la violence des lieux de vie dans des quartiers qui n'en ont pourtant pas besoin. Celle-ci peut être extrême, là où l'urbanisation est anarchique et où des pans entiers de la ville sont abandonnés par la municipalité. Immeubles ravagés, carrelage arraché, sonnettes qui pendent, ascenseurs qui s'ouvrent sur le vide... Dans certaines périphéries, cette violence-là est omniprésente. La plupart sont laissés à l'abandon depuis des décennies. « *Les élus ressassent rénovation ça rassure / Mais c'est toujours la même merde derrière / La dernière couche de peinture* » : à l'image de ce que nous dénonçons dans *Demain c'est loin*, les autorités se sont le plus souvent contentées pour toute rénovation de « faire joli ». Néanmoins, si les boîtes aux lettres neuves sont défoncées en quelques semaines, ou si les adolescents urinent dans l'escalier de leur immeuble, ce n'est pas la faute de l'administration publique... C'est un problème d'éducation.

Imhotep

Il ne faut pas être manichéen : les responsabilités sont en partie partagées, et une fois de plus, on constate que la violence frappe en premier celui qui est le plus proche, le voisin, le semblable. Mais c'est un cercle vicieux. En abandonnant des quartiers pendant trente ou quarante ans, le politique a laissé s'installer cette inertie, cette culture de la destruction, du je casse, donc j'existe. La moindre tentative pour réparer quoi que ce soit devient dès lors vaine. Et dans un contexte d'accès à l'emploi très difficile et de culture du néant comme seul modèle de société, il paraît compliqué de lutter contre ce laisser-aller.

Cloués sur un banc rien d'autre à faire,
on boit de la bière
On siffle les gazières qui n'ont pas de frère
Les murs nous tiennent comme du papier
tue-mouches
On est là, jamais on ne s'en sortira
Satan nous tient avec sa fourche

Demain c'est loin

Si l'individualisme est à ce point ancré dans notre société, c'est parce que le système de domination culturelle et d'exclusion le nourrit. Et qu'il n'y a pas d'issue. Ne plus s'intéresser qu'à soi-même est une façon de ne pas se laisser submerger par un sentiment d'enfermement à bien des égards inévitable. « *On était tous des anges à l'école / Le diable est apparu en cherchant du taf / Quand on a serré la pogne à Éole* » (*La Part du démon*) : pour de trop nombreux habitants des quartiers, la vie est vécue comme une voie sans issue. Nous sommes bien placés pour en parler puisque nous avons vécu cette situation, lorsque nous traînions au métro Vieux-Port et qu'IAM n'était pas encore sur pieds. À part Imhotep, aucun d'entre nous ne s'était construit une vie stable, et nous voyions peu de portes de sortie pour notre avenir. C'est pour cela que nous avons tout misé sur la musique, c'était ce que nous aimions, ce que nous savions faire de mieux et le seul horizon qui semblait pouvoir se dégager. Mais avant d'y parvenir, nous pensions comme les autres ; nous sommes nés au quartier, nous allons y rester et y finir, point. Ainsi va la vie.

Akhenaton

La musique a été une chance immense pour nous, une porte de sortie inespérée. Mais c'était sur le fil du rasoir, ça aurait tout aussi bien pu ne pas marcher. Et je me rappelle parfaitement ces journées, toutes les mêmes, déprimantes, où l'on descendait au métro vers 17 heures et que l'on y restait jusqu'à 5 ou 6 heures du matin, à traîner sans but réel. J'avais la sensation d'être coincé, que jamais rien n'évoluerait. Il n'y avait rien de satisfaisant dans ce quotidien-là, à part le fait d'être entouré d'amis avec qui tu partageais les mêmes goûts, la même musique. Nous savons d'où nous venons, et le privilège d'avoir pu vivre ce que l'on a vécu depuis trente ans.

Cette forme de défaitisme ne laisse jamais la place à l'espoir : « *Le rêve est interdit, les perspectives merdiques* » (*Stratégie d'un pion*). Les portes sont fermées, on le sait et autour de nous, on ne compte plus les témoignages de ceux qui sont allés vérifier par eux-mêmes que, effectivement, elles étaient bien fermées. Dans ces conditions, pas la peine de rêver, ni même d'envisager rêver. Les songes ne sont pas brisés, ils n'ont pas le temps d'exister, « *Eux la colombe ils l'ont shootée direct au décollage* » (*Bombe le torse*). C'est un constat triste et pessimiste, mais bien réel. Et c'est précisément parce que la situation est à ce point difficile que l'on aurait d'autant plus besoin de laisser la place au rêve, à un idéal. Et que la tentation de l'individualisme est si forte.

Nous connaissons bien des gens dans notre entourage ayant connu la même situation mais hélas pas la même issue que nous dans leur vie et qui, tôt ou tard, ont fini par entrer en dépression. Car ce sentiment d'enfermement agit fortement sur le mental. L'ennui est un sujet récurrent dans nos textes et il a de lourdes conséquences dans les quartiers. Lorsqu'on ne laisse même pas le droit de rêver à un jeune sans le sou et sans perspective, il va s'emparer du réel pour y faire n'importe quoi, exister à tout prix, juste passer un bon moment, peu importe les conséquences. « *On côtoyait l'ennui plus souvent / Tu sais bien ce que l'on dit de ses enfants / On a perdu des potes, chemin faisant* » : nous en parlons sur le dernier album dans *Once upon a time*, nous avons vécu de près la dérive parfois fatale que peut générer cette impasse. Puisque l'on ne peut pas accéder à ce que l'on désire, on se l'octroie et cela finit rarement bien.

La dérive n'est pas systématique ou inéluctable, mais elle n'est pas rare. La pression économique et sociale est telle qu'elle finit par en rattraper beaucoup, et ceux qui parviennent à positiver dans un tel contexte ne sont pas la majorité : « *Tellement sûrs d'échouer qu'au final ils n'essaient même plus du tout / Et ça tombe dans le facile, ça grossit les statistiques / Ça fait des choix douteux aux moments les plus fatidiques* » (*Les Raisons de la colère*). Quelles que soient son origine ou sa culture, quelqu'un n'ayant pas autour de lui de relais, d'empathie, de soutiens et de lien social ne pourra pas accéder à la résilience : « *Un homme seul est viande à loup* », comme l'explique Shurik'n dans *Les Miens*. C'est le thème du film d'Akhenaton *Comme un aimant* et de notre morceau *L'Aimant* ; quoi que l'on fasse, il y aura toujours quelque chose pour nous tirer en arrière et nous ramener au quartier, à sa réalité. Le modèle de réussite sociale est inaccessible, ce qui peut donner deux attitudes, l'autodestruction ou le coup d'éclat.

La première est tragique mais elle ne fait mal qu'à celui qui se l'inflige. La seconde en revanche mène au mieux à la prison, qui est de toute façon vue comme un rite de passage ou un titre à son palmarès, et au pire à des dégâts collatéraux qui peuvent être majeurs. *« On prend les courbes à 200 avec du soleil dans les yeux / Et presque fiers de dire qu'on ne vit pas vieux »* (*Mon encre, si amère*) : la vie ne vaut pas grand-chose, la sienne pas plus que celle des autres, alors autant la risquer pour briller, ne serait-ce qu'une fois. Ce schéma existait déjà lorsque nous étions jeunes, il s'est amplifié depuis. Ils sont de plus en plus nombreux à prendre ces risques puisque les repères, l'espoir, le lien social et les limites, à l'inverse, sont en voie de disparition. Les gangsters d'hier se tuaient pour des très grosses sommes et étaient conscients de vivre dans l'illégalité. Ceux d'aujourd'hui se tirent dessus pour des clopinettes et ont parfois perdu la notion même de la loi.

La mort est dans ce contexte une compagne à laquelle on s'habitue, et ce dès le plus jeune âge. Nous avons tous perdu des proches alors que nous étions encore jeunes, des amis, des parents, des cousins, à cause des règlements de compte, de la drogue… La mort est inévitable, mais pas toujours facile à digérer. Nous déplorons surtout que certains anticipent sa venue, l'affronter en duel est devenu pour eux un acte de bravoure. La mort des proches marque profondément et fait forcément mûrir, réfléchir, cela a pu changer notre perception de la vie. Il faut en tout cas s'échiner à en tirer une force pour avancer, aimer davantage notre existence. Nous n'avons de toute façon pas le choix.

Shurik'n

Dans plusieurs textes j'évoque le cas d'un proche que j'ai perdu jeune, notamment dans *Demain c'est loin* : « *Rire, sourire, certains l'ont perdu / Je pense à Momo, qui m'a dit "à plus" / Jamais je ne l'ai revu* ». Il était un peu plus âgé que moi et il accompagnait souvent mon groupe à l'époque où je dansais. Mais comme beaucoup parmi sa génération, il avait des soucis avec la drogue et cela s'est passé comme je le raconte, du jour au lendemain il a disparu, je n'ai appris que plus tard qu'il avait succombé à une overdose. Ce que je souligne avec l'histoire de Momo, c'est l'incertitude de la vie, comment on peut perdre un proche soudainement, alors qu'on le côtoyait presque tous les jours. Cette histoire est le symbole d'une certaine fragilité. Je suis loin d'être le seul à qui c'est arrivé.

Sans courte échelle pour le Nirvana,
on y va par nos propres moyens
Et tant pis si je chute en chemin
Chaque jour est une grande date
On met les grands rêves dans les grandes boîtes

Grands rêves, grandes boîtes

Face à ce constat global, nous oscillons souvent entre colère, amertume et cynisme. Exclusion, violence et individualisme sont des maux bien difficiles à endiguer, et les éradiquer relève de l'utopie. Mais nous sommes certains d'une chose : la seule issue est en chacun d'entre nous. Il y a dans notre répertoire un morceau essentiel qui s'appelle *Grands rêves, grandes boîtes*. Ce texte raconte comment, pour vivre nos rêves qui semblaient inaccessibles, nous avons dû dessiner des grandes boîtes pour les mettre dedans et les faire vivre.

Bien sûr, ce n'est pas toujours évident. Parfois même, la vie ne nous laisse pas le choix ; difficile de garder vivants ses propres rêves quand on n'a rien du tout et que l'on se lève chaque jour en se demandant comment remplir l'assiette. Mais il faut s'inspirer des autres, y croire malgré tout. Nous avons réussi à vivre de notre musique, d'autres qui en ont marre d'être chômeurs en ville partent reprendre une ferme à la campagne… Ce sont des choix individuels. Malheureusement, le rêve est une notion largement dévalorisée au sein de notre société. Un enfant qui rêve est forcément « tête en l'air », il « n'arrivera à rien ». Tous, au sein du groupe, nous nous sommes entendus dire ça un jour.

Pourtant quelqu'un comme Greta Thunberg, par exemple, peut être inspirante. Elle ne verra probablement pas de ses yeux le changement qu'elle réclame pour la planète, mais peut-être impulsera-t-elle une évolution des mentalités qui fera mouche plus tard, en dépit du mépris qu'elle peut susciter parmi tant de commentateurs idiots. En tant qu'êtres humains, nous sommes obligés de nous raccrocher à ce genre d'idéal, de garder espoir, sinon autant s'autodétruire tout de suite ! Notre expérience personnelle avec IAM nous prouve qu'en s'en donnant les moyens, bien des choses peuvent devenir possibles. C'est ce que nous essayons de transmettre à nos enfants. Personne ne va venir réaliser vos rêves à votre place, c'est à vous de faire en sorte qu'ils deviennent réalité.

Si révolution il doit y avoir, elle passera par la cellule familiale et individuelle. Attention, il s'agit d'une affirmation de l'individu, mais contre l'oppression sociale, donc dans un but collectif. Nous avons développé ce thème dans l'album *Rêvolution* et son morceau éponyme, et il était déjà présent dans *Sol invictus* : *« Révolution à la seule condition / Qu'on garde en mémoire qu'elle constitue un rêve d'évolution »*. L'objectif final doit être l'unité – ce n'est pas pour rien que nous avons signé deux morceaux s'appelant *Unité* et *United* – pour contrecarrer l'individualisme et la division qui règnent au sein de la société. Mais cela passe par des prises de conscience individuelles ; par la transmission à ses enfants et à ses proches, qui transmettront autour d'eux à leur tour, et ainsi de suite.

Il ne faut pas attendre de la société qu'elle change toute seule, car cela n'arrivera jamais. Cela ne veut pas dire qu'il ne faut rien en exiger non plus ; elle a un devoir envers ceux qui souffrent le plus, bien trop peu assumé aujourd'hui. Mais les mentalités, la vision du monde, ce sont des sujets que nous devons chacun affronter à notre échelle individuelle, sans se cacher derrière un collectif. Les solutions, les clés pour que les choses bougent, les voilà. Pour échapper à l'horizon étroit du déterminisme et de l'assignation, autorisons-nous à rêver, car il n'y a pas de grand destin sans grand rêve.

Marseille

Ne te méprends pas, le pays d'où je viens
N'a rien à voir avec celui des merveilles
Je viens de Marseille

Je comprends ceux qui ont fui la pauvreté
Que ces gens n'étaient pas dépourvus de qualités
Je m'amuse en relisant les messages typiques
Que mon grand-père m'écrivait à grande peine en français phonétique

Où sont les roses

Marseille est dans notre cœur. Notre ville fait évidemment partie de l'identité d'IAM, elle en est même un élément central, l'un des plus évidents sans doute, tant on a pu nous rabâcher les oreilles avec cela en plus de trente ans de carrière. Tant nous avons clamé, aussi, la fierté de notre patrie d'origine, de notre « *sang mélangé blanc et bleu* » (*Rap warrior*), à nos débuts en particulier.

Tous les Marseillais partagent ce lien très fort, car être marseillais, c'est tout simplement aimer

Marseille. Ce n'est pas seulement une image. L'essence même de cette ville, c'est d'accepter comme ses enfants tous ceux qui souhaitent l'être. Tout au long de son histoire, elle n'a cessé de s'enrichir de nouveaux venus de tous les horizons : nous-mêmes avons grandi ici, mais chacun des membres du groupe est issu de l'immigration. Et ce n'est pas parce que nos parents ou nos grands-parents sont venus s'installer à Marseille plus tôt que nous avons une légitimité à être davantage marseillais que d'autres : l'identité de la ville est multiple, c'est aussi limpide que cela.

C'est un trait caractéristique de nombreuses cités portuaires. Aux États-Unis par exemple, les New-Yorkais sont bien plus fiers de leur ville que de leur pays. Marseille est un port et elle a constamment regardé vers le sud, vers le large. À titre personnel, nous nous sommes au sein d'IAM toujours considérés comme plus proches du reste du bassin méditerranéen que des autres régions de France. Ces strates venues d'ailleurs qui se superposent à Marseille depuis longtemps, cette multitude de racines, marquent notre différence profonde avec le reste du pays. Même notre rapport à l'immigration est à part : ici, elle n'est pas en banlieue mais en plein centre-ville, dans des quartiers comme le Panier ou Belsunce, et nos noms de famille, qui sonnent du monde entier, portent eux aussi la marque de cette histoire.

La richesse et la spécificité de Marseille plongent dans ces racines multiples. Elles ont entre autres nourri la manière de parler, de se comporter ou de réagir qui sont typiques de notre ville. Nous nous sommes largement emparés de ce patrimoine pour écrire nos textes et, avec le Massilia Sound System, nous avons contribué à le faire connaître. Nos grands-parents appelaient déjà leurs amis « gros », comme tous les jeunes aujourd'hui. Ils parlaient de « bordilles» (un mot que l'on retrouve notamment dans *Demain c'est loin*) pour les ordures. Tout ce vocabulaire a traversé les époques et continue de le faire. Et cette richesse marseillaise trouve naturellement sa place dans nos textes sans que l'on cherche à tout prix à l'employer. C'est peut-être triste à dire mais même le cliché du « putain-con », qui remplace la ponctuation, est une réalité marseillaise que nous manions à la perfection : « putain » à la place de la virgule, « con » à la place du point.

Des jeunes gens nous reprochent en face
De parler trop souvent de la planète Mars
Je leur explique posément quelle est la situation
Que c'est une mission commandée par ma faction
On slalome entre seringues et douilles
La mort est à l'œuvre et tout le pays semble
s'en battre les couilles

Mars contre-attaque

L'accent et le vocabulaire marseillais sont connus partout en France. Pourtant, notre ville a assez souvent une image négative à travers le pays. Nous sommes très régulièrement considérés comme les mauvais élèves de la République, notamment par le pouvoir centralisé, et c'était particulièrement vrai dans les années 1970 et 1980 qui ont été, il faut l'avouer, très difficiles. C'est pourquoi dès notre premier album, en 1991, nous avons revendiqué de venir *...de la planète Mars*. Nous relevions en quelque sorte le défi : puisque vous nous mettez dans un tel tiroir, alors nous allons faire nôtre ce tiroir, et en faire une fierté. Il ne s'agissait pour nous que de dresser un constat : par rapport au reste de la France, Marseille était une planète détachée. Le temps de l'invasion des « Marsiens » était venu. Sauf que dans ce qui nous distinguait de la France, nous voulions que l'art remplace la violence.

Car voilà à quoi l'on associait en permanence Marseille à l'époque. Nous étions le Chicago français, la ville que l'on préfère regarder et critiquer de loin. *« Marseille baignait dans la came en 84 / Les grands étaient debout devant le 24 »* (*Once upon a time*) : entre le grand banditisme et les ravages des drogues dures, la ville était violente et suscitait bon nombre d'*a priori*. L'héroïne a fait des dégâts considérables dans les années 1980. Combien de nos potes ont-ils alors succombé à une overdose ? Quant aux morts par armes à feu, il y en avait au moins autant qu'aujourd'hui, sauf que cela concernait davantage les anciens que les jeunes. Nous ne céderons donc pas à l'inutile refrain : *« On nous assène des "c'était mieux avant" / Avant quand ? Avant qui ? Y'a cent ans ? »* (*CQFD*).

Pourtant, malgré cette violence, nous avons le sentiment que la vie était alors à la fois plus dure et plus douce, plus brutale et plus conviviale qu'actuellement. Nous partageons cette impression au sein du groupe, bien que nous ayons chacun vécu notre enfance dans des quartiers variés. Ce n'était pas mieux avant : c'était différent.

Une mentalité d'entraide certaine subsistait en effet dans notre ville en ce temps-là. Beaucoup de choses pouvaient encore se régler avec le sourire, sans doute parce que Marseille restait alors dans l'esprit de ses habitants un ensemble de villages qui coexistaient. Mais elle a ensuite basculé : alors que notre ville était solidaire, elle a été gagnée par l'individualisme, comme la société tout entière et les autres régions en France. C'est l'une des conséquences – même s'il y en a aussi quelques bonnes – du capitalisme à outrance, et ce constat ne se résume pas à Marseille. Il suffit de voir l'évolution des émissions de télévision sur la même période. Nous avons basculé dans une époque où l'apparence, la surface, priment sur tout le reste.

De la même façon, les populations diverses de la ville échangeaient plus hier qu'aujourd'hui. Pour nous, l'acceptation des autres et le partage étaient naturels : dorénavant, les gens sont davantage repliés sur eux-mêmes. Marseille n'échappe hélas pas au repli communautaire qui frappe toute la société aujourd'hui. Et si c'était de la responsabilité de ceux qui ont dirigé la ville en décidant de la tourner plus vers le nord que vers le sud ?

Imhotep

Moi, je suis né à Alger, je suis le seul du groupe à ne pas avoir grandi à Marseille. J'y suis arrivé en 1987, à l'âge de 27 ans, et je n'ai donc pas la même relation avec cette ville que les autres. Pourtant, en tant que Méditerranéen pur jus, je me suis tout de suite senti chez moi à Marseille. Si je n'avais pas été beatmaker pour IAM, je serais resté instituteur dans les quartiers Nord. Ma vie aurait probablement été très différente, mais je serais resté ici, à Marseille, c'est sûr.

Au début des années 80, je me souviens
des soirées
Où l'ambiance était chaude et les mecs rentraient

Stan Smith aux pieds le regard froid
Ils scrutaient la salle le trois-quarts en cuir roulé autour du bras

Je danse le mia

Le hip-hop a débarqué à Marseille et dans nos vies, alors que nous n'étions encore que des adolescents, dans ce contexte à la fois violent et convivial. La musique, en ce début des années 1980, rimait avec Francis Cabrel, Bob Marley, Dire Straits, les Rolling Stones, Supertramp, Pink Floyd... Et puis le funk, car il y avait en réalité deux camps : celui du rock ou de la pop, et celui du funk. Il existait alors des après-midis et des soirées entièrement dédiées à cette musique, celles que nous décrivons dans *Je danse le mia*. Ces fêtes existaient partout en France, mais à Marseille, on y retrouvait des personnages folkloriques typiques de la période, que l'on appelait « mia ». Ce mot venait tout simplement de nos parents, qui parlaient déjà verlan : un « mia », c'était pour eux un ami, et pour nous, un « kakou » ne jurant que par le funk.

Un mia, c'est la grosse chaîne, un brushing impeccable ultra-laqué, une voiture que l'on entend arriver de loin... et puis un accent à couper au couteau, et un vocabulaire bien particulier que l'on cite d'ailleurs dans le morceau : « *On va se filer* », « *Je vais te fumer derrière le cyprès* », « *Oh cousine, tu danses ou je t'explose ?* » Attention, « mia » n'est pas un terme péjoratif, mais bien tendre, affectif. Ils nous disaient : « Oh IAM, c'est quand votre prochain gala ? » Vous êtes les gars de l'orchestre ? On était morts de rire ! Un peu moins avec ceux que nous connaissions bien, car nous en comptions tous dans nos familles. « Oh minot ! Tu es dans le *showbizness* toi maintenant, allez, raconte-moi deux ou trois histoires… » Ils avaient cinq ou dix ans de plus que nous, ils avaient tout simplement la vingtaine au moment de l'apogée du funk. Ils étaient en quelque sorte des Tony Manero dans *La Fièvre du samedi soir.*

Le funk est l'une des sources du hip-hop, de cette culture que nous avons alors adoptée. Et pourtant à cette époque-là nous le rejetions, comme d'ailleurs la pop, la new wave et tous les autres styles qui ont pu exister dans les années 1980. Pourquoi ? Parce que les mecs du quartier qui écoutaient l'un ou l'autre de ces genres se moquaient de nous, de notre musique. Pour eux, le hip-hop n'était qu'un truc de breakdancers, de mecs en gants blancs qui font des tours sur la tête, et pas une culture de fond. Bien sûr, nous pensions tout l'inverse.

Vers 1984, nous sommes alors quelques dizaines à Marseille à apprécier très activement le hip-hop, que nous avions découvert et embrassé de différentes façons. Pour Kephren et Shurik'n, l'entrée dans cette culture s'est faite *via* la danse, qui était l'activité principale de l'époque, loin devant le rap. Ils étaient des b-boys – des danseurs de breakdance – dans des groupes rivaux, les Flashbreakers pour Shurik'n, les Belsunce City Breakers pour Kephren. La danse est ce qui a permis à la culture hip-hop de s'affirmer à l'époque, avant que la musique, c'est-à-dire le rap à proprement parler, ne se développe vraiment et l'installe plus solidement. Akhenaton et Kheops, eux, s'intéressaient déjà avant tout au son, cherchant partout les vinyles importés des États-Unis et s'investissant peu à peu dans des émissions spécialisées sur les radios régionales.

À partir de 1987, nous commençons à investir avec notre petite communauté un lieu emblématique de Marseille : le Vieux-Port, et plus exactement la sortie du métro. C'était tout simplement notre point de rendez-vous, puisqu'à l'époque il n'y avait pas de téléphones portables. On s'y rendait sans vraiment savoir si on y trouverait trois ou plusieurs dizaines de personnes. Nous écoutions la même musique, mais ce n'était presque jamais notre sujet de conversation, le hip-hop n'était qu'à moitié fédérateur. Nous venions là de 18 heures à

6 heures du matin, pour traîner : « *On était tous les six, cool, au Vieux-Port / Quand Imhotep a dit : "Oh j'ai un plan ce soir, je sors"* » (*Attentat*). Ni freestyle, ni danse : nous ne pensions qu'à rigoler, à parler d'autre chose.

Nous avons passé notre temps sur le Vieux-Port jusqu'en 1992, soit après la sortie de *...de la planète Mars*. Un nouveau lieu culturel ouvre alors à Marseille, juste derrière la gare Saint-Charles : la Friche de la Belle de Mai. Cette fois, ce n'est plus un lieu où l'on traîne, mais où l'on commence à se regrouper pour travailler. Nous occupons d'abord un premier local puis rapidement, une grande cave où règne une forte odeur de cigarette mouillée : elle était située dans l'ancienne Manufacture des tabacs. Nous nous étions mis d'accord avec les gérants pour bénéficier gratuitement de ce lieu contre l'organisation d'un festival annuel, Logique Hip-Hop, qui a marqué les esprits.

Pour nous, c'était parfait : nous avions enfin un local pour nous rassembler, faire notre musique et mener une vie de groupe. Pour la première fois, nous pouvions élaborer nos chorégraphies ou composer nos morceaux dans un endroit uniquement dédié à cela. Nous y passions nos journées entières, parfois nos soirées. C'est là que notre album *Ombre est lumière* a été entièrement créé, ainsi que le tout début du suivant, *L'École du micro d'argent*. Mais très vite, la politique de la Friche de nous héberger à la cave contrairement aux plasticiens qui occupaient de grands locaux vitrés nous a fatigués. De plus, nous ne nous sentions pas très en adéquation avec la culture institutionnelle et subventionnée que nous y côtoyions. Nous avons préféré quitter le lieu en 1996. Deux ans plus tard, nous emménagions dans des nouveaux locaux.

Depuis nos débuts, nous n'avons donc jamais durablement quitté Marseille. Pourtant, dès la signature de notre contrat avec Labelle Noir pour *...de la planète Mars*, la première proposition qui nous avait été faite était de déménager à Paris. Mais nous avons préféré décliner, car Marseille fait tout simplement partie de notre ADN artistique, et qu'il n'était pas envisageable pour nous d'en partir : *« Pense qu'ici plus qu'ailleurs la différence est une valeur / L'indépendance dans toute son ampleur et rien à voir avec la chaleur... »* (*Independenza*). Au cours de notre carrière, ce choix nous a sans doute autant servi que nui. En trente ans, nous sommes restés soudés et focalisés sur notre travail, les deux pieds dans la vie réelle grâce à nos proches. Et loin des mondanités parisiennes... qui sont néanmoins susceptibles d'ouvrir des portes. Cela fait partie des choix que nous assumons. Une bonne partie de notre public apprécie que nous respections notre identité marseillaise. Mais attention : l'identité c'est bien, à condition d'avoir une approche humaniste. Être marseillais, ce n'est pas Marseille contre le monde : c'est Marseille avec le monde.

Quand la nuit couvre
Les trottoirs millénaires de cette ville
Malaise, tu sens que la tension couve
Ère glaciaire mec, dur à piger
Comme la banquise elle vit des années figées
Notre-Dame veille

Dans nos jeunes années, le Vieux-Port n'était pas le seul endroit où nous avions élu domicile. Tout autour, nous nous étions en réalité approprié la plupart des quartiers du centre-ville, que nous citons d'ailleurs souvent dans nos premiers textes : « *Je prends la face nord jusqu'à la rue Saint Fé / Je vois des gens, des amis occupés à discuter* » (*Interview*). La rue Saint-Ferréol était celle où il y avait le plus d'attractions : nous l'appelions « l'élastique » à force d'y faire des allers-retours à longueur de journée. L'avenue Camille-Pelletan ou la Canebière étaient également des lieux importants pour nous et, malheureusement, bien plus vivants qu'aujourd'hui. Le quartier autour de Camille-Pelletan ou du cours Belsunce, centre commercial historique du port colonial de Marseille, était particulièrement florissant grâce aux échanges avec l'Algérie, et même avec toutes les anciennes colonies. Ce commerce était une porte ouverte sur le monde, mais par décision politique, il a été interdit du jour au lendemain, ce qui a tué ce quartier comme beaucoup d'autres : toute la ville en a pâti. La Canebière était, elle, un lieu de vie pour nos parents ou nos grands-parents, qui y descendaient en costard et s'y prenaient volontiers en photo. C'était un peu nos Champs-Élysées, et il y a encore quinze ans, on y trouvait des librairies, des cinémas… Aujourd'hui, ce dynamisme a quasiment disparu. Il y a hélas d'autres exemples à Marseille : la rue de la République est une artère fantôme, l'emblématique marché de la Plaine vient de disparaître…

Nous avons vécu dans ces quartiers. Nous avons vu des choses extraordinaires et d'autres moins reluisantes à Belsunce, Camille-Pelletan, la Canebière et ailleurs. La donne est simple : lorsque l'on tue tous les commerces d'un coin de la ville, c'est que l'on veut qu'il soit déserté. Il y a malheureusement à Marseille des quartiers morts culturellement, où il ne se passe jamais rien, et qui sont souvent parmi les plus pauvres de la ville. La nuit, dans ces rues mal éclairées par les lumières orange des lampadaires, il n'y a pas un chat. On ressent alors cette tension, c'est pesant, tout simplement parce qu'il s'agit de quartiers sans argent, parmi les plus pauvres d'Europe. Ces « lumières orange » que nous évoquons entre autres dans *Demain c'est loin* sont symboliques de Marseille. Elles teintent la ville : la nuit blafarde, noire et orange, contraste avec la belle luminosité du jour. La nuit est sinistre, notamment dans sa moitié nord.

L'atmosphère particulière qui règne à Marseille reste néanmoins difficile à décrire parce qu'il ne s'agit pas de quelque chose de spécifique, mais bien d'un ensemble hétéroclite, à la fois dans l'air, dans la lumière… En fait, il y a un mélange entre une sorte de décontraction, de contemplation d'un côté, et de l'autre une forte tension qui peut faire partir les choses en vrille à tout moment. Cette tension est parfois palpable dans la rue. Il y a des soirs où les mauvaises histoires se répandent dans tout Marseille comme une traînée de poudre. D'autres où le mistral souffle si fort que les artères de la ville sont désertées : l'atmosphère s'en ressent immanquablement.

Pour briller il suffit d'une fois
Notre ville a enfin une voix

Once upon a time

Jusque dans les années 70, les gens sortaient, il y avait énormément de monde dans les rues, sur la Canebière... Marseille était une ville vivante, tout simplement. Mais l'on ne s'est jamais remis de cette décennie ; la peur a tétanisé les Marseillais, à force de se dire qu'il est dangereux de sortir le soir et qu'il n'y a rien de bien à faire en ville... C'est une des raisons pour lesquelles nous parlions beaucoup de Marseille sur nos premiers albums : nous avions une revendication identitaire forte. À la fin des années 80, la ville était exsangue et nous voulions la remettre sur la carte, la faire connaître comme culturellement créative, avec de bons côtés.

Et nous avons en partie réussi ! De ville constamment pointée du doigt, Marseille est devenue au fil des années de plus en plus appréciée par les Français. « *Nés d'une cité réputée pour ne pas fermer sa gueule / Marseillais, ouais c'est vrai, beaucoup trop d'orgueil* », comme nous le reconnaissons sur *Spartiate spirit.* Les gens viennent ici pour l'OM, pour IAM, pour le portrait géant de Zidane qui a hélas été retiré... et maintenant pour Soprano.

En bref, nous étions fiers de parler et de faire parler de Marseille. Mais nous avons aussi rapidement eu le sentiment que la ville se servait de nous. Nous avions l'impression que notre apport positif à l'image de la ville n'était pas reconnu ni valorisé par les institutions politiques et culturelles locales. Et, au-delà d'IAM, c'est quelque chose qui est valable pour tous les enfants de Marseille. Il suffit de se demander pourquoi Zizou n'a pas ouvert son centre de foot en salle, le Z5, dans sa ville natale mais à Aix-en-Provence… Parfois aussi, l'étiquette marseillaise a pu nous agacer. C'était fidèle à l'univers hip-hop que de porter haut l'étendard de Marseille à nos débuts, mais on nous réduisait alors souvent à du « rap marseillais ». Nous étions volontiers présentés comme des Provençaux faisant de la galéjade, des choses pas très sérieuses. Dit autrement : *« À cause de l'accent on nous croyait incultes et naïfs »* (*Mars contre-attaque*). Cela nous horripilait, puisque nous voulions exprimer tout l'inverse à travers nos textes et nos discours.

Akhenaton

Encore aujourd'hui, on prend parfois IAM pour des ambassadeurs de la ville, ou des guides touristiques. Cette assignation à devoir représenter notre ville nous fatigue. D'autant que les instances n'hésitent pas à se servir de nous en ce sens, quand ils en ont besoin, pour nous oublier aussitôt après. Il suffit de voir ce qu'il s'est passé au moment de la candidature de Marseille comme capitale européenne de la culture, en 2013. Nous en avons été faits ambassadeurs et, en échange, nous avions demandé à ce que soit enfin créé un lieu dédié au hip-hop à Marseille,

ce qui aurait été la moindre des choses. Nous n'en avons jamais vu la couleur.

Nous parlions avec fierté de Marseille, mais sans chercher à l'embellir : nous la décrivions telle qu'elle était. « *Les rues de goudron gris et sale ornées d'âpres trottoirs / Martelés par les pas des prostituées quand s'éveille le soir* » (*Je viens de Marseille*) : malheureusement, rien n'a changé. Nous ne nous targuons pas d'avoir eu raison, au contraire. Nous sommes plutôt les premiers à le déplorer. En vérité, nous pensions que ces paroles ne seraient valables que quelques années encore, puis que cette époque serait révolue. Mais elle est loin de l'être. Il suffit de comparer Marseille et ses sœurs de la Méditerranée, Gênes et Barcelone, où nous allions déjà jeunes. Quand on voit l'évolution de ces deux villes en trente ans... Marseille pâtit d'un grave problème de stagnation, mais tant que l'on ne se posera pas les bonnes questions – pourquoi, où et à qui la faute ? – rien ne changera, que ce soit l'état du goudron ou tout le reste.

Parfois, pire que de stagner, la ville régresse. Nous pouvons nous permettre de le dire à 50 ans passés : ce sont essentiellement les personnes âgées qui se plaignent que l'on vienne troubler leur tranquillité et passent leur temps à s'insurger contre le bruit, ce qui est tout de même un comble dans une métropole comme Marseille. L'ennui, c'est qu'ils empêchent le moindre événement dans leur quartier, et ce constat vaut pour tous les arrondissements. De la même façon, le littoral tourne au mieux à 20 % de ses capacités. On n'y trouve aucune convivialité pour les habitants de la ville ou les touristes, pas ou peu de festivals l'été… En fait, Marseille c'est « je veux être Barcelone » avant 21 heures, mais c'est Barcelonnette après 21 heures.

Les élus ressassent rénovation, ça rassure
Mais c'est toujours la même merde derrière la dernière couche de peinture
Feu les rêves gisent enterrés dans la cour
Demain c'est loin

Ne pas voir Marseille s'améliorer n'est pas facile à digérer. À force d'être déçus, de ne pas constater de changement, de se dire que l'on n'en verrait pas de notre vivant et que nos enfants ne vivraient pas dans une ville plus belle, il y a eu des moments difficiles. Et en prenant de l'âge, quelques-uns d'entre nous se sont posé des questions : vivrons-nous toujours ici, comme nous l'avons longtemps pensé ? *« Dans quelques années c'est ici que se terminera ma vie »* (*Je viens de Marseille*), assurions-nous dans notre premier album. Tout ce que l'on souhaiterait, c'est que cette ville soit enfin ce que nous espérions qu'elle devienne il y a trente ans.

Il y a eu de belles réfections du côté de la Joliette, au nord du Vieux-Port, cinémas, musées, centre commercial, c'est très bien, mais nous aimerions voir ce genre de choses dans d'autres quartiers également. Que ce soit en phase dans toute la ville, car il existe une disparité économique bien trop forte entre les différents quartiers, et l'on n'arrivera à rien tant que ce clivage perdurera. Laisser la délinquance s'installer dans certains endroits de la ville, la violence, les trafics, ne pas trop intervenir, bref laisser un quartier pourrir pour que les habitants se lassent et s'en aillent d'eux-mêmes : voilà la première étape de la gentrification brutale. Mais ce n'est pas un projet viable, cette façon de penser la politique de la ville ne tient pas la route. Depuis des années, l'argent est plus investi dans les quartiers qui vont bien que dans ceux qui vont mal et en auraient donc le plus besoin. Et c'est ainsi que, dans ces quartiers abandonnés où l'abstention peut parfois dépasser par endroits les 80 %, quelqu'un comme Stéphane Ravier du Rassemblement national peut devenir maire de secteur, dans les 13e et 14e arrondissements.

Nous sommes fiers de Marseille, mais il faut reconnaître qu'il s'y côtoie du positif et du négatif, et que ce négatif est essentiellement dû à la politique de la ville. Ce constat ne se limite pas aux nombreux mandats de Jean-Claude Gaudin : on peut tirer un trait depuis l'après-guerre, *via* Gaston Defferre et Robert Vigouroux, ses deux seuls prédécesseurs à l'hôtel de ville en soixante-dix ans. Politique culturelle pauvre, développement ridicule du littoral Nord, répartition bien trop disparate des investissements publics dans des services essentiels comme les écoles ou les hôpitaux, transports en commun dérisoires, fracture entre le nord et le sud de la ville… La liste est interminable. Mais parmi ces nombreux problèmes, la question des déplacements est centrale. Ici, le territoire est immense : sans un service de transports adéquat, les gens ne se rencontrent pas. Or certaines zones sont hypercouvertes, en centre-ville notamment, où l'on peut parfois faire le même trajet à la fois en métro, en tramway et en bus. Mais d'autres coins ne sont absolument pas desservis, au point que pour les jeunes Marseillais, passer son permis de conduire est une obsession, une question de survie.

Le potentiel de Marseille est gigantesque, mais il n'est pas exploité : c'est la Belle au bois dormant, sauf que le Prince charmant est parti avec la caisse. En fait, il y a deux villes accolées l'une à l'autre, qui cohabitent tant bien que mal et ne communiquent presque pas. En novembre 2018, l'effondrement des immeubles rue d'Aubagne a été quelque chose de très abstrait pour bon nombre d'habitants du 8e ou du 9e arrondissement, pour la simple et bonne raison qu'ils ne passent jamais dans ce coin-là. Pourtant, la rue d'Aubagne, c'est l'âme de cette ville, comme toutes les rues du centre. Il est normal et même logique qu'il y ait des quartiers résidentiels plus aisés que d'autres à Marseille. Mais il faut que les Marseillais puissent circuler facilement et qu'il y ait des choses qui se passent. Il faut aider les gens à se développer, cesser de couper les budgets du soutien périscolaire. Et en finir aussi avec le mépris culturel : à Marseille comme ailleurs, l'opéra prend 90 % du budget municipal dédié à la culture, alors que cela concerne 0,02 % de la population. À force, cet élitisme finit par faire des dégâts. Mais ce n'est de la responsabilité ni d'IAM ni des habitants ! Il faut que de vraies décisions soient prises pour cette ville.

Au bord de l'eau, où la baignade est chaude
Et le bleu de la mer se confond avec le jaune
Voilà pourquoi j'aime tant me balader, pas vous ?
Avec ma douce sœur bras dessus, bras dessous
Sous les tamaris une paire de tongs aux pieds
Le repos c'est la santé, eh ouais
Le repos c'est la santé

Il existe heureusement des choses qui rendent la vie plus légère à Marseille, comme l'OM. Quand le club était à son apogée, il y avait une joie de vivre dans l'air, quelque chose qui rendait la ville plus heureuse. Peut-être un peu moins de violences, aussi. Les succès permettaient de mélanger les différentes couches sociales et les couleurs. Nous avons connu la joie d'être champions d'Europe, en 1993, mais si nous avions su la chute vertigineuse que cela allait entraîner ensuite ! Cette victoire en Ligue des champions face à l'AC Milan (1-0), nous l'avons vécue alors que nous enregistrions *Ombre est lumière* dans une maison près d'Aix-en-Provence, le studio La Blaque, où l'on a habité et travaillé pendant deux mois. Luca Minchillo, notre directeur artistique italien décédé depuis, avait promis de plonger nu dans la piscine si Marseille gagnait, il a dû s'exécuter… Kheops, lui, s'était jeté à plat ventre sur le marbre de l'entrée, il avait glissé sur dix mètres. On a pleuré de joie toute la soirée.

Au-delà de cette finale, toute la période de 1989 à 1993 a été magnifique, même s'il y a eu des déceptions, comme la défaite en finale de la Coupe des champions en 1991 face à l'Étoile rouge de Belgrade, ou l'élimination face au Benfica en demi-finale l'année précédente. C'était aussi l'époque de la rivalité face à Bordeaux, puis le début de celle avec le PSG, qui avait une sacrée équipe à ce moment-là. On les avait mystifiés quand même ! Nous aimons beaucoup le football et l'Olympique de Marseille, mais nous en parlons assez rarement dans nos textes – car cela sonne sans doute comme une évidence pour nous. L'OM et le foot font partie de nos vies, de nos acquis, sans nous inspirer particulièrement. Il y a quand même *Le feu*, dont le refrain, « *Ce soir on vous met le feu* », vient directement des travées du stade Vélodrome.

Le climat et la mer sont d'autres atouts phares de Marseille. Et heureusement qu'ils sont là, car cela contribue grandement à apaiser la ville. Le soleil, la détente, les barbecues… En réalité, il existe deux types de Marseillais, la version printemps-été, et la version automne-hiver. Leurs vies sont très différentes. Nous sommes plutôt du premier type ; entre le vent qui souffle et le peu d'activités en ville, l'hiver nous semble toujours très long… Au printemps et en été, à l'inverse, la chaleur est agréable, il peut encore faire jusqu'à 25 °C à minuit. La musique, la plage, les dîners le soir sur la terrasse où les heures défilent… « *La voiture démarre tôt le matin / Et s'arrêtera une heure après à l'ombre des pins / Rien n'est plus agréable que la vue du sable / L'odeur de la mer* » (*Le repos c'est la santé*). C'est la belle saison, et nous en profitons volontiers. D'ailleurs, dès que l'on passe à l'heure d'été, la ville change : il y a tout de suite plus de décontraction, de sourires, d'activités.

Cette vie-là, nous en parlons moins qu'à nos débuts dans nos morceaux, mais nous n'y avons pas renoncé, bien au contraire ! Peut-être est-ce parce que ces atouts naturels sont du pain bénit pour les jeunes : ils permettent de nombreuses distractions à faible coût. À Paris, pour s'amuser, il faut un budget. À Marseille, on s'en sort assez bien avec peu, grâce au cadre. Cela peut conduire à un mode de vie de teenager, que l'on décrit dans *Bad boys de Marseille* (avec la Fonky Family) : « *Tempérament fatigué, on est nés sous le soleil / Tu reconnais bien là le style des bad boys / Chaque jour que Dieu fait, à 3 heures j'ai encore sommeil* ». Évidemment cela ne correspond plus trop à notre quotidien. Mais nous gardons en tête l'objectif de se laisser le moins possible avoir par les contraintes et la robotisation du monde moderne. Nous essayons de conserver cette qualité de vie que beaucoup de gens nous envient, qui caractérise vraiment Marseille. D'ailleurs, de nombreuses personnes décident de venir s'installer ici pour en profiter à leur tour.

Souvent, elles cherchent alors à trouver un logement d'où l'on peut apercevoir Notre-Dame-de-la-Garde. C'est la vue qu'il faut avoir à Marseille, le symbole de la ville, notre Empire State Building à nous ! C'est pour ça qu'elle apparaît dans nos textes : elle plane de sa bienveillance au-dessus de la ville. Tout Marseillais y est déjà monté pour brûler un cierge… il y a quelque chose d'animiste dans notre rapport collectif à ce monument. Nous avons été éduqués comme cela, entre autres parce que c'est un lieu chargé d'histoire : la libération de Marseille s'est achevée là-haut, lorsque des soldats marocains, les tabors, ont délogé les derniers Allemands. Un peu partout dans la ville, même loin d'elle, on voit Notre-Dame de la Garde. Elle veille…

D'ici & d'ailleurs

Voilà pourquoi « IAM », d'ivoire ou d'ébène
Les hommes ont pour origine en fait la même

91, je rencontre New York
À ce moment-là le hip-hop m'ouvre ses portes
Et là, tout est devenu limpide
Le comment, le pourquoi, les odeurs
Les bruits et les cris de cette musique
Once upon a time

Le rap a ceci de fantastique qu'il permet de parler de ses passions librement. Les artistes de variété sont souvent beaucoup plus contraints, certains font même parfois carrière sur un seul thème, l'amour en général. Dans le rap, la création de personnages et de récits permet au contraire d'exprimer toutes ses passions, sans limite, dans les textes comme dans les compositions. Alors, depuis nos débuts, nous ne nous en sommes pas privés ! Notre passion pour l'histoire, les civilisations, le monde qui nous entoure tout simplement, a naturellement trouvé sa place dans notre répertoire. Des influences venues de la planète entière ont progressivement nourri notre univers, comme l'Égypte, l'Asie, la culture afro-américaine… Ainsi que la ville au monde qui, après Marseille, nous ressemble le plus : New York.

Nous vouons un amour et une fascination à cette ville qui ne se sont jamais démentis depuis notre première jeunesse. Lorsque nous allons là-bas, nous n'avons pas l'impression d'être des étrangers, plutôt celle de rentrer à la maison. Il y a plusieurs explications à cela, mais la principale tient en la place qu'occupe New York dans l'histoire du hip-hop, c'est le berceau de notre art. Même si celui-ci s'est diffusé partout dans le monde et a largement évolué en quarante et quelques années, la source est là. NYC restera à jamais la maison mère du hip-hop. Qu'on le veuille ou non, c'est une page indiscutable de l'histoire de la musique et si la référence à cette ville n'est plus aussi évidente parmi la jeune génération, c'est parce que cette culture se perd.

Les nouveaux rappeurs ne savent pas forcément d'où vient cette musique ; mais ceux qui connaissent la culture hip-hop savent ce qu'ils doivent à New York. D'ailleurs nous ne sommes pas les seuls à la vénérer ainsi. De nombreux autres rappeurs le font, Snoop Dogg l'appelle La Mecque… s'ils doivent citer une ville qui incarne notre culture, ce sera toujours celle-là. *« C'est NYC transit, là où la vibes naît / Où l'énergie du rap se construit / Imbrications de phrases complexes et de métaphores / À Fort Greene, tranches de vie, ici combien l'espoir mange de vies ? »* (*New York City transit*).

Kheops

New York, c'est le temple. Bien sûr, la ville a radicalement changé. Au début des années 1980, ça tirait de partout, elle était infestée par les gangs. Aujourd'hui, la vie y est devenue horriblement chère, pas seulement à Manhattan mais aussi à Brooklyn, où il faut désormais être un hipster fortuné pour manger et se loger correctement. Il est aussi devenu très difficile de trouver ne serait-ce qu'un magasin ou une radio qui diffuse du hip-hop, alors qu'il fut un temps où notre musique exerçait un monopole. Mais même si la ville évolue, elle garde cette magie, cette atmosphère, cette *vibes* unique. Il y a quelque chose là-bas qui nous attrape à chaque fois que nous y sommes, comme un second souffle qui nous dope.

C'est la raison pour laquelle la quasi-totalité de nos albums ont été au moins en partie créés là-bas. Nous y avons enregistré pour la première fois tous ensemble dès 1991, un remix de *Tam-tam de l'Afrique*. Puis il y a eu l'enregistrement complet d'*Ombre est lumière* et une partie du premier album solo d'Akhenaton *Métèque et mat*, la première phase de *L'École du micro d'argent* et dans son sillage de nombreux autres projets comme *Independenza*, *Bad boys de Marseille*, une partie de la B.O. de *Comme un aimant*, et encore *Revoir un printemps* en 2003. Il y a ensuite eu une petite coupure, en partie pour des questions budgétaires, mais à partir de 2013 et d'*Arts martiens* nous avons renoué avec New York et chaque album depuis a été au moins mixé là-bas, jusqu'à *Yasuke*.

De Marseille jusqu'à Brooklyn, New York
Le Lord s'accorde au hip-hop, pas à la mode
IAM concept

Cette liste et notre assiduité à associer New York à notre création parlent d'elles-mêmes. Nous avons toujours cherché à cultiver ce trait d'union : « *Je vends du rêve, tu as les restes, MRS c'est la maison / Drafté par la NYC Knicks du rap, c'est ma saison* » (*Fin des illusions*). New York revient incessamment dans nos textes tout au long de notre carrière, faisant d'elle un personnage à part entière de l'univers d'IAM, et pas des moindres. On y trouve une culture musicale foisonnante, marquée bien sûr par l'héritage afro-américain et caribéen, mais aussi enrichie par l'apport de nombreuses immigrations, Juifs d'Europe de l'Est,

Italiens, Hispaniques, Chinois… NYC, c'est Marseille puissance dix, avec la réussite économique en plus. Que ce soit notre New York des années 1980, fait de galères à Coney Island et dans le reste de Brooklyn, jusqu'au New York d'aujourd'hui, avec nos confortables séances d'enregistrement studio à Manhattan, la magie opère là-bas. Mais notre amour inaltérable pour cette ville s'explique avant tout pour son rapport au hip-hop. Si ce mouvement était né ailleurs, à Séoul, Atlanta ou n'importe où, c'est sans doute cet ailleurs qui occuperait la même place dans nos cœurs.

Akhenaton

Je suis d'abord allé seul à New York, en 1984, 1985 et 1986, puis avec Kheops à partir de 1987. C'était bien avant nos premiers enregistrements là-bas, nous vivions essentiellement à Brooklyn, Coney Island et Fort Greene projects, des ghettos où régnaient la violence et la pauvreté. Nous étions dans une maison appartenant à Grandwizard Tony D, mythique DJ du groupe Bad Boys, qui disposait d'un studio d'enregistrement et nous voyions passer la plupart des groupes que nous écoutions en France, c'était magnifique pour des jeunes comme nous. Grâce à Andre Harrell, l'un des deux membres du groupe Dr. Jeckyll & Mr. Hyde, nous étions invités à des fêtes où toutes les stars de l'époque se rendaient, Eric B. & Rakim, Salt-N-Pepa, Run DMC… On voyait en chair et en os l'ensemble de notre discographie !

Nous nous rendions le plus souvent possible à NYC pour comprendre comment le rap marchait, pour progresser techniquement, pour découvrir le fonctionnement de l'industrie.

Nous sommes bien sûr animés par une forte nostalgie lorsque nous allons à New York désormais, même si nous refusons de nous appesantir dessus. Nous avons une histoire, une anecdote à presque tous les coins de rue, mais les temps ont changé et bien des lieux ont disparu. Greene Street Recordings, où nous avons enregistré *Ombre est lumière* et *L'École du micro d'argent*, a été remplacé par un magasin Louis Vuitton au sein duquel personne ne sait qu'il y avait auparavant un studio au même endroit. Réaliser qu'une grande majorité des lieux qui ont fait notre histoire, nos souvenirs, nos sorties, nos rigolades ont disparu ne peut que rendre nostalgique.

En revanche, le studio Germano où nous avons mixé notre dernier album, *Yasuke*, est le même que celui où nous allions parfois au début des années 1990 et où ont enregistré de nombreuses pointures, De la Soul, A Tribe Called Quest, etc. : à part le nom – il s'appelait alors Platinium Island – et la décoration, rien n'y a changé. Quant au discours ambiant du « c'était mieux avant », très peu pour nous une fois de plus : le New York des années 1980 où l'on se faisait braquer pour un rien et où les fusillades étaient quotidiennes, il ne nous manque pas.

J'aurais pu croire en George Bush mais voilà
Sa vision des USA ne me satisfait pas
Justice à deux vitesses pour les Blancs,
pour les Noirs
Les gendarmes du monde ne méritent pas d'égards
J'aurais pu croire

Au-delà du hip-hop, notre amour pour New York s'explique aussi par l'importance qu'a eue la culture américaine dans notre jeunesse. Nous n'y sommes pour rien : nous sommes les enfants de la télévision en couleur et des produits culturels venus des États-Unis. Lorsque nous étions petits, il y avait trois chaînes et pour échapper à *Thierry la fronde* ou *Ivanhoé*, il n'y avait que les séries américaines. Elles étaient pour nous synonymes de modernité, d'avenir : les voitures, les jeans Levi's, le Coca-Cola… Et la plupart se passaient à New York, ce qui a nourri dès le plus jeune âge notre fascination pour la ville : *Kojak*, *Mike Hammer*, *L'Homme de fer*, etc. C'était la réalité de l'Europe de l'après-guerre, la suite logique de ce qu'avaient déjà connu nos parents et qui avait démarré avec les films de cow-boys, dès les années 1950.

Le lien avec la culture américaine s'est prolongé par la musique. Même si nous sommes des fidèles du rap orthodoxe new-yorkais, nous avons été initiés à la musique par d'autres genres que nous avons parfois aussi redécouverts ensuite, voire largement utilisés dans nos compositions, et qui sont tous nés aux États-Unis, que ce soient le blues, la soul, le rhythm and blues, ou le disco… Et le rap de style new-yorkais a depuis longtemps quitté les strictes frontières de New York pour devenir un courant influant du rap américain en général : la distinction classique entre côte Est et côte Ouest est depuis longtemps caduque. C'est devenu une question de groupes, d'artistes, bien avant l'origine géographique. Ce qui peut étendre notre passion à d'autres villes qui, par certains aspects, sont semblables à New York : San Francisco, Philadelphie, Newark, Chicago, Detroit, Los Angeles…

Mais on peut être amoureux de la culture hip-hop et de son berceau tout en étant en même temps critique vis-à-vis du pays. Nous avons toujours eu des convictions anti-impérialistes, or l'histoire des États-Unis commence par la colonisation brutale d'un continent. Et des premiers colons du *Mayflower* aux G.I.s du Vietnam ou d'Afghanistan, l'expansionnisme américain porte le sceau de l'impérialisme. Il y a donc une ambivalence, mais elle n'a rien d'exceptionnelle, nous avons en quelque sorte le même sentiment avec la France. Notre pays a des qualités extraordinaires et nous nous sentons profondément français, notamment par la langue et la culture littéraire. Mais cela ne nous empêchera pas de garder un esprit critique, envers le colonialisme ou le néocolonialisme français par exemple.

Lors de la Seconde Guerre mondiale, les États-Unis ont largement contribué à la victoire contre le nazisme. Ce rôle de libérateurs leur a permis une implantation stratégique en Europe. Mais c'est oublier un peu vite que la richesse des États-Unis s'est construite sur trois ou quatre siècles de travail gratuit : « *Leurs compagnons de chaque jour étaient la chaleur et le fouet / Sur leur passage, on les fuyait comme le malin / En ces temps-là, il y avait l'homme noir et l'être humain / Décrété supérieur de par sa blanche couleur* » (*Tam-tam de l'Afrique*). Notre prise de conscience de cette réalité historique est venue par la culture américaine elle aussi : une fois digéré le côté clinquant des États-Unis que nous proposaient les westerns ou les séries, il était difficile de passer à côté du revers de la médaille.

Imhotep

Chez mes parents, nous écoutions de la chanson française, mais aussi du gospel et du jazz. En 1970, j'ai eu mon premier tourne-disque Teppaz, et mes deux premiers 45 tours furent *Jingo* de Santana et *Say it loud – I'm black and I'm proud* de James Brown. À la même époque, mon oncle Georges, un imprimeur d'extrême gauche, m'avait offert des posters et des revues des Black Panthers. Mes premiers contacts avec la culture afro-américaine furent donc musicaux, avec un arrière-plan politique.

Peu à peu, les revendications sur la condition des Afro-Américains ont pénétré les textes de la musique noire américaine et même parfois le cinéma, puis elles sont arrivées jusqu'à nous grâce à quelques artistes majeurs de l'époque comme James Brown, Gil Scott-Heron ou Stevie Wonder. Des artistes noirs qui réussissaient, chantaient la condition de leurs frères et revendiquaient, avec une certaine fierté, le fait d'être noirs. La genèse du mouvement hip-hop a lieu exactement au même moment, et elle va avoir le même leitmotiv.

Dans les cales d'un négrier, corde au cou,
l'odeur de mort
Ces percus sont la mémoire d'alors
Et chaque coup de grosse caisse blesse dans le cerveau
La caisse claire rappelle ce fouet
qui lacère la peau

Libère mon imagination

Grâce à ces mouvements venus des États-Unis alors que nous étions encore enfants, nous avons peu à peu pris conscience des schémas racistes et de la nécessité de prétendre à une certaine fierté. Les témoignages de racisme ordinaire, de propos humiliants, de contrôles au faciès, de discriminations en tous genres que l'on retrouvait chez certains artistes ou dans quelques films faisaient écho à ce que nous vivions nous aussi en France. Cela nous a permis de nous rendre compte que nous n'étions pas les seuls concernés. Sans aller jusqu'à sortir habillés tout en noir en levant le poing du jour au lendemain, cette influence culturelle afro-américaine a élargi notre horizon géographique et historique. Et cette prise de conscience a coïncidé avec une mobilisation plus large, qui s'est concrétisée par la Marche pour l'égalité et contre le racisme de 1983, mal surnommée « marche des Beurs », un autre événement marquant de notre jeunesse.

Ces événements ont contribué à construire notre colonne vertébrale et nous n'avons eu de cesse, depuis plus de trente ans, d'évoquer ces sujets dans nos textes, de *Concept* à *Yasuke*, de *Red black green* à *Remember*. Les discriminations sont hélas encore une réalité, et nous répétons sans cesse que nous aspirons à de nombreux changements. Sans doute ne les verrons-nous pas de notre vivant : en attendant, la question mérite toujours autant d'être évoquée. Mais cette conscience fait aussi partie de notre identité parce qu'elle est constitutive de notre musique. Nous l'évoquons dans *Tam-tam de l'Afrique*, où Shurik'n célèbre la mémoire des Africains arrachés de leurs terres pour devenir esclaves en Amérique, avec ces mots (repris ensuite dans *Libère mon imagination*) : *« Le tempo libère mon imagination / Me rappelle que ma musique est née dans un champ de coton »*. Le rap a une filiation directe avec cette mémoire de l'esclavage qui s'est exprimée dans le blues, le gospel et les negro spirituals. Il porte aussi l'héritage des griots qui transmettaient oralement l'histoire en Afrique.

Notre musique vient de là, tout comme celles de James Brown ou de Marvin Gaye : la France est un pays lettré et nos textes s'inscrivent dans cette tradition, mais la percussion vient d'ailleurs, de cette racine commune, des champs de coton où les esclaves, tant bien que mal, ont perpétué leur culture parce qu'ils étaient privés de tout le reste. C'était comme une question de survie pour eux, et cela explique d'ailleurs pourquoi la musique afro-américaine touche un public aussi large : elle n'est pas futile, ni légère, elle vient de loin et véhicule tout ce passé douloureux, cette souffrance. C'est une musique de libération.

Les figures tutélaires des revendications antiracistes et de la fierté noire sont très nombreuses. Au-delà des artistes déjà cités, on en trouve dans tous les domaines. En sport par exemple, avec des champions comme Arthur Ashe et bien sûr Mohamed Ali, qui avait d'ailleurs un discours très universaliste, refusant de tuer des Vietnamiens, pro-décolonisation... Et c'était un rappeur avant l'heure, un jouteur verbal extraordinaire face à Frazier ou Foreman. *« On se souvient de ce que Malcom nous a légué / Et de l'héritage que Martin Luther nous a laissé »* (*Remember*) : impossible de ne pas citer Martin Luther King mais aussi Malcom X, qui a souvent été mal jugé et proposait une vision très universaliste, lui aussi, quand il a été assassiné. Nous évoquons également dans nos morceaux deux femmes très importantes. *« Je me place du côté de cette rose qui osa dire non »* (*WW*) pour Rosa Parks, cette femme noire ayant refusé de laisser sa place dans un bus à un homme blanc en Alabama en 1955 ; et le morceau *Regarde* qui rend hommage à Angela Davis, éminente militante du mouvement des droits civiques : *« Au royaume animal, le lion est roi, l'homme devient fou / Combien d'âmes tombées sous ses coups / La Terre est seule témoin de ces crimes ici-bas / C'est chacun pour soi, regarde Angela, regarde »*. L'une pour sa réaction et son action, l'autre pour son propos et son travail, ce sont deux figures majeures de ce mouvement.

Dès la formation d'IAM, les racines africaines ont fait partie des piliers du groupe, des concepts qui le constituent. Mieux, avant qu'IAM n'existe, ce sujet figurait même dans les premiers textes écrits par Shurik'n et Akhenaton. Nous n'avons jamais considéré l'Afrique comme une terre étrangère : c'est l'histoire de Marseille, de la Méditerranée, d'échanges entre peuples et civilisations depuis des millénaires. Cette mer n'est pas une frontière, c'est une richesse que nous avons en commun et qui nourrit les racines des peuples riverains. Ne pas reconnaître les parts méditerranéenne, africaine et moyen-orientale de Marseille, c'est tout simplement nier son histoire et l'histoire de ces populations. Or nous sommes en permanence dans la quête de ce qui nous rassemble, pas de ce qui nous divise : nous laissons cela aux ignorants.

Renier l'importance de l'Afrique dans l'histoire de l'humanité, voire même l'existence de civilisations africaines, est courant dans le monde européen. Un bon exemple en est l'Égypte des pharaons : cette incroyable civilisation a été largement européanisée dans nos consciences collectives, alors qu'elle est profondément africaine, comme ont pu le prouver les travaux de Cheikh Anta Diop. Dans ses livres, notamment *Nations nègres et culture* et *Civilisation ou Barbarie*, il replace l'Égypte à l'origine de nombreuses autres civilisations africaines dans toute l'Afrique subsaharienne et notamment vers le Mali ou le Sénégal actuels, grâce à des travaux sur la linguistique qui ont ensuite été prolongés par des archéologues... Ces ouvrages sont très importants : « *J'ai compris ça tôt et brisé leurs icônes / En étudiant les passages osés de Cheik Anta Diop* » (*One Luv*).

Nous sommes tous des passionnés d'histoire et dès les premiers mois d'existence d'IAM, cette matière a été au cœur de nos conversations. Chacun d'entre nous partage ses connaissances, conseille aux autres tel livre ou tel documentaire... Cette curiosité est l'un des piliers du groupe et, par ricochet, de notre répertoire. Mais notre sentiment est que l'histoire a trop souvent une dimension officielle, établie, qui oublie ou minore de larges pans de la civilisation humaine.

Il ne s'agit pas de nier la civilisation européenne. Mais en se focalisant uniquement sur cet apport occidental, on ignore délibérément l'antériorité des civilisations africaines, asiatiques et même précolombiennes. L'invention de l'imprimerie a certes permis de fixer et de diffuser le « roman européen » d'une civilisation unique et européo-centrée, créée *ex nihilo* à Athènes puis à Rome. Mais ce récit historique ne résiste pas à l'examen scientifique : Zeus et Jupiter ne sont pas tombés du ciel et la réalité de l'existence de foyers de civilisation antérieurs est indéniable. Pour preuve, l'histoire des civilisations est indissociable de celle de leurs influences mutuelles faites d'emprunts, de partages, d'adaptations et perfectionnements successifs au cours des siècles.

Pourquoi l'histoire officielle occidentale prétend-elle ignorer les civilisations du Nil, de l'Indus, du Huang He, de Mésopotamie ? Comment aborder l'antiquité grecque sans se référer à Babylone et à Thèbes ? Comment envisager l'Empire romain isolément, sans prendre en compte son désir d'expansion et son incorporation des sciences, arts et techniques en provenance des pays conquis ? Mais le négationnisme et le révisionnisme historiques ne sont pas l'apanage de la seule Europe : en Chine, au Japon ou en Turquie, on peut retrouver cette conception nombriliste de la naissance de la civilisation. Ces visions ethnocentrées de l'histoire sont dérangeantes : elles sont à l'origine de nombreux problèmes, elles ont permis de justifier hier le colonialisme, elles nourrissent aujourd'hui le racisme et les inégalités… C'est cette lecture historique qui conduit Nicolas Sarkozy à dire que *« l'homme africain n'est pas assez entré dans l'Histoire »* dans son fameux discours de Dakar, preuve de son inculture et de celle de l'auteur du discours : ce sont eux qui ne sont pas assez entrés dans les livres d'histoire.

L'Égypte des pharaons est un pilier majeur d'IAM, que la plupart des membres du groupe portent dans leurs noms. Pourquoi ? En embrassant cette imagerie-là et en écrivant des morceaux comme *Pharaon reviens*, nous avons voulu affirmer que nous sommes les produits d'une histoire humaine, pas d'une histoire française ou européenne. L'Égypte antique est l'épicentre d'une des premières grandes civilisations humaines, témoignant de découvertes fondamentales en médecine, en astronomie, en architecture... dont certaines remontent à cinq millénaires en arrière. C'est fascinant, et à nos yeux cette civilisation est un réceptacle de la mémoire collective, un point de départ pour l'humanité tout entière.

Akhenaton

Pour moi l'Égypte est avant tout une passion d'enfance. Je jouais avec de petits soldats égyptiens que je peignais, puis plus tard j'ai tagué Akhenaton avant même de prendre ce nom d'artiste. En grandissant, j'ai conservé cette passion pour l'archéologie – comme Kheops – et je l'ai enrichie en lisant notamment les ouvrages de Cheikh Anta Diop. J'ai même étudié un temps l'archéologie à l'université dans un cursus un peu bizarre, qui mêlait aussi nutrition et géologie. Puis j'ai arrêté, mais l'archéologie est ensuite devenue une spécialité à part entière et je me suis alors réinscrit à la fac, près de chez moi au Panier, en 1993. Sauf qu'entre mon inscription et les premiers cours, *Je danse le mia* est devenu n° 1 du hit-parade et l'est resté pendant des semaines... Je n'ai jamais repris mes études !

Axant les neurones, assimilant encore et toujours
Des écrits philosophiques de la Chine antique
Jusqu'à la terre mère, au culte pharaonique
Hold-up mental

La référence à l'Égypte antique est manifeste dès nos premiers albums : *Concept*, *...de la planète Mars* et *Ombre est lumière* regorgent d'allusions, de clins d'œil et de déclinaisons sur ce thème. La construction de cet univers débute par le choix de nos noms de scène et l'élaboration de nos premiers concepts. La bande-son de nos premières créations s'est nourrie d'influences et d'inspirations provenant des nombreux disques de notre collection : contes pour enfants, musiques de dessins animés, enregistrements de pièces de théâtre, et surtout les vinyles des spectacles son et lumière de Karnak et Gizeh.

À l'époque, les beatmakers américains n'utilisaient quasiment que des échantillons de soul music, tandis que nous samplions déjà tous azimuts. Cette ouverture à 360° a contribué à créer cet univers identifiable et unique, où des bribes de musique orientale avoisinent des déclamations à la gloire des pharaons. Malheureusement, le succès commercial du rap a rapidement décuplé l'avidité des éditeurs dont les exigences sont devenues démesurées. Du coup, le sampling est devenu impossible. C'est un peu comme si on avait interdit les collages, les emprunts, les juxtapositions et les références dans l'art contemporain, la haute couture ou l'architecture !

Kephren

Une des raisons pour lesquelles les allusions à l'Égypte ont diminué à partir de *L'École du micro d'argent* tient aussi à l'association que certains font entre l'Égypte et les délires autour des théories du complot. Leurs adeptes, très bruyants sur Internet, mélangent tout et associent les pyramides aux Illuminati et aux reptiliens – qui, faut-il le rappeler, n'existent pas dans les deux cas – et même aux francs-maçons, tant qu'à faire. Du coup, Imhotep, l'architecte musical et le bâtisseur de pyramides, se retrouve propulsé grand maître de la Grande Loge... Ça a fini par nous taper sur le système, car beaucoup de gens, y compris dans des cercles proches, nous ont sorti de grandes théories ou accusé d'être des Illuminati.

À ce sujet, Akhenaton s'est défoulé sur *Illuminachill* : « *Explique-moi le monde, t'as jamais vu un musée / T'as jamais ouvert un livre, tu ne saisis même pas le titre / Pour toi les francs-maçons ont bâti l'Égypte / Non mais franchement ! D'où sortent ces putains d'abrutis ? / On va te sauver gars juste en te coupant le wifi* ». Mais refaire des cours d'histoire à chaque nouveau morceau, ce n'est pas très excitant… Ces désagréments ont pu nous toucher intimement, et nous dissuader, même inconsciemment, de poursuivre dans cette voie.

Nous avions peut-être aussi beaucoup parlé de l'Égypte pendant les premières années de notre carrière, au détriment d'autres sujets tout aussi importants pour nous, et le risque à force était de se répéter. Sur plusieurs aspects, musicalement notamment, *L'École du micro d'argent* a marqué une sorte de tournant vers l'Asie, que Shurik'n avait davantage porté que les autres sur les premiers albums alors que le sujet intéressait tout le monde. L'Égypte n'a pas disparu pour autant, mais elle s'est faite, c'est vrai, plus discrète : le succès de *L'École du micro d'argent* a mis en avant l'univers asiatique en tant que source d'inspiration. Et les références à l'Asie sont plus accessibles pour le public français que l'évocation de l'Égypte antique.

La terre des pharaons est revenue au premier plan en 2008, avec notre concert au pied des pyramides de Gizeh. Et les allusions et les références à l'Égypte sont toujours présentes, ne serait-ce que par les sonorités que l'on retrouve dans nos albums. La page n'est pas tournée : demain, la création d'un bon instrumental d'inspiration orientale peut donner naissance à un nouveau texte dans la veine pharaonique. L'Égypte ne nous a jamais quittés : elle fait partie de nos fondamentaux, de notre connaissance des civilisations à l'origine de l'humanité, des piliers de l'imagerie et de la mythologie du groupe. Le jour où nous abandonnerons nos noms de scène pour des noms américains, alors seulement on pourra nous accuser d'avoir retourné nos pagnes.

Le corps et l'esprit forgés par le feu
de mille batailles
Et sans feindre, on a porté la flamme
à chacun de nos pas
Chacun de nous gardien de l'autre,
sans faille et loyal
Le sens de nos haïkus possède la puissance
d'une naginata

Benkei et Minamoto

Nous n'avons néanmoins pas attendu *L'École du micro d'argent* pour faire de l'Asie un autre pilier fondamental du groupe. Dès *Concept*, nous déclinions IAM en « Imperial Asiatic Men ». Il y a ensuite des allusions nettes à ces civilisations dans les textes de *...de la planète Mars* et d'*Ombre est lumière*, parfois des morceaux entiers comme *Le Dernier empereur* ou *Le Dragon sommeille*. D'ailleurs la tournée consécutive à la sortie d'*Ombre est lumière* s'appelait « Le dragon s'éveille Tour » ! La dimension spirituelle de cet album était directement liée à notre intérêt pour certains courants asiatiques comme le taoïsme ou le bouddhisme zen, et l'on y retrouve aussi des allusions aux arts martiaux, aux samouraïs. C'était, c'est vrai, souvent sous la plume de Shurik'n, puisqu'il est celui qui a amené cette inspiration au sein d'IAM.

Shurik'n

Ma passion pour l'Asie a tout bêtement démarré avec les arts martiaux. Dès le plus jeune âge, j'ai fait du judo, du karaté, du kung-fu... Peu à peu j'ai commencé à m'intéresser à l'histoire de ces arts, et comme ils occupent une grande place dans leurs pays d'origine, je me suis naturellement passionné pour leur histoire, en particulier celle de la Chine antique et du Japon médiéval. Par les dynasties, les guerres, je suis peu à peu sorti de l'environnement des arts martiaux pour m'intéresser au contexte

historique dans son ensemble. Cette passion s'est prolongée avec le cinéma asiatique, dont je suis un collectionneur, mais aussi par la lecture. Et dans le rap, évidemment : choisir mon nom, dès le départ, m'a ancré dans le sillage des arts martiaux. Puis, au fur et à mesure que ma culture asiatique s'accroissait, j'ai pu multiplier les références, les détails.

Une fois de plus, c'est le partage entre les différents membres du groupe qui a permis à l'influence asiatique de se diffuser. Il y avait un terreau : nous sommes avant tout les enfants de la culture américaine, mais aussi des dessins animés japonais comme *Goldorak* et des premiers mangas. L'Asie n'était donc pas inconnue dans notre culture et les films de kung-fu nous ont aussi nourris de cet imaginaire-là à l'adolescence. Puis Shurik'n a partagé sa passion avec le groupe, par la musique chinoise et japonaise, le cinéma, ou encore des livres comme *L'Art de la guerre* de Sun Tzu, entre autres. Commencer par mettre en avant l'Égypte puis continuer par l'Asie n'a pas été un calcul marketing ou conceptuel. Pour ces deux influences, nous avons suivi et mis en commun nos centres d'intérêt pour nourrir notre inspiration artistique.

Les références asiatiques sont parfois évidentes pour nous, notamment lorsque nous dressons un parallèle entre les arts martiaux et le rap. Le procédé est en effet semblable. Les arts martiaux se fondent pour la plupart sur l'observation du vivant dans la nature : les animaux, les arbres, les plantes. Le rap, lui, se fonde sur l'observation du vivant dans les sociétés modernes. Dans les deux cas, le contexte façonne l'art : le monde moderne dessine un hip-hop à son image. Le rap n'a pas inventé les gangs aux États-Unis, ni créé l'imagerie gangster et ses clichés bling-bling. C'est l'évolution de la société qui influence la culture en général, et le rap se contente de reprendre des codes qui existent déjà à la télévision, sur Internet, dans le cinéma ou encore la littérature. Le rap est en fait un bouillon concentré de la culture et des valeurs qui animent la société dans laquelle il se développe : si celle-ci diffuse des idées et des créations par voie rectale, le bouillon sera une infusion nauséabonde.

En trente ans, nous avons multiplié les références asiatiques en tous genres. « *Crois-tu innover les techniques de kata ? / L'école de Mars sur l'époque est avancée* » (*Quand tu allais, on revenait*) : le kata est une suite de mouvements codifiés (le kuen en kung-fu), un combat imaginaire où l'on est censé utiliser au maximum l'arsenal technique à sa disposition. Il y en a une démonstration dans le clip de *La Saga* et c'est tout simplement ce que nous nous échinons à faire en nous entraînant constamment : lorsque nous répétons nos textes, nos concerts, nos enchaînements, nos mix, notre écriture... De la même façon que pour bien dégainer un sabre une seule fois, il faut le dégainer mille fois auparavant, *« car la perfection n'est approchable que par la répétition »* (*Quand tu allais, on revenait*) !

Les katas sont des techniques de combat que l'on peut comparer aux différentes disciplines du hip-hop : le rap (écriture, ego trip, storytelling...), le scratch, le beatmaking, etc. En ce qui concerne la danse, l'analogie entre les phases d'une chorégraphie et les katas est encore plus évidente. *« Je ne sais pourquoi le bruit du fracas des phrases nous appelle / C'est notre bushido, entre sourire et larme »* (*Spartiate spirit*) : des pans entiers du bushido, l'art de vivre des samouraïs, sont aussi applicables au rap. Notre art nous impose en effet une discipline, une rigueur, une concentration au quotidien, comme le font les arts martiaux.

Ombres furtives tranchent la nuit
comme des shurikens
Mon bokken brille, le style de la mouette
s'abat sur sa proie
Maître Kano du stylo Lippo, ivre de tao
Drunken style : pow ! Un de plus dans le pao
Un bon son brut pour les truands

Bien sûr, l'inspiration asiatique nous conduit parfois à utiliser un vocabulaire précis et pas exactement grand public. « *Milieu du tao, je frappe dans le pao* » (*IAM concept*) ; « *Sorti de ma retraite en moine Yamabushi* » (*Un bon son brut pour les truands*) ; « *On grandit au milieu des rônins* » (*Samuraï*) ; « *Dans l'honneur je partirai par seppuku* » (*Benkei et Minamoto*) ; etc. Nous avons toujours assumé ce parti pris, pour les arts martiaux comme pour n'importe quel thème que nous abordons.

En utilisant des termes techniques parfois complexes, nous invitons en fait notre public à s'ouvrir, à découvrir des mondes ou des langages nouveaux. C'est un pari sur la soif de connaissance en quelque sorte, même si nous n'avons pas la prétention de toucher tout le monde. Notre première motivation est de créer d'abord pour nous-mêmes : la crainte de ne pas être compris par tous ne nous a jamais empêchés d'employer un vocabulaire élaboré. En l'occurrence, quand nous réussissons à amener une partie de notre public à s'intéresser aux arts martiaux, voire à les pratiquer, c'est une belle récompense.

Il n'y a pas que les mots : notre musique également est teintée d'Asie. L'inspiration est parfois très forte dans l'esthétique de nos morceaux, surtout à partir de *L'École du micro d'argent*. Au fil des décennies, notre style de composition a évolué, tendant vers quelque chose de plus épuré qu'à nos débuts. C'est en cohérence avec la philosophie zen : arriver à un résultat où rien ne manque, mais rien n'est en trop non plus. Nous avons abandonné les couches superposées de samples, parfois par la force des choses aussi, pour évoluer vers un son comportant le moins de matière possible. En nous tournant vers les cultures japonaise et chinoise, nous avons épuré notre style, y compris dans les textes. L'Égypte a une esthétique chargée, l'Asie moins : notre couleur musicale est en cohérence avec ce constat.

Dès *Ombre est lumière*, on trouve des titres dont les musiques sont d'inspiration asiatique alors que les paroles n'y font pas référence. Même si le blues ou la soul restent des influences majeures, l'univers musical de l'Asie a marqué nos compositions : gammes pentatoniques, tonalités mineures, musiques de films épiques et grandioses, mais aussi les sonorités d'instruments traditionnels, erhu, vièle chinoise, koto et shamisen, ou même gamelan indonésien… Cela donne une constellation de morceaux dans cette veine, de *Hong Kong hero* à *Omotesando* en passant par *Le Secret des micros violents*, *WW* et bien d'autres encore.

Aucune période n'y échappe en trente ans, c'est notre inspiration naturelle. Et nous l'avons bien sûr nourrie au fil des années en nous ouvrant à de plus en plus de musiques asiatiques, de même que nous nous sommes ouverts au classique par exemple. Certaines compositions asiatiques passent même inaperçues : elles sonnent comme de la soul, tout comme certaines musiques traditionnelles italiennes. Le texte a aussi son influence : s'il s'inscrit dans un univers asiatique, alors cette caractéristique de l'instru va être appuyée. Mais dans le cas contraire, pas forcément. Cela fait partie de nos secrets de fabrication…

Combien d'années à vivre côte à côte ?
Qu'on court dans le hall, on se croise
sans se dire bonjour
À pointer nos défauts réciproques,
tout ça masque le bon
On regrette une époque, et on vomit sur le monde
Ils ne savent pas

De l'Égypte à l'Asie en passant par New York, l'Italie ou l'Afrique, la variété de nos inspirations nous ressemble, ni plus, ni moins. Elle correspond à ce que nous sommes, à ce que nous aimons, et c'est peut-être cela la définition la plus juste du rap : ce que l'on est et ce que l'on aime. Cette variété ressemble aussi à notre ville, Marseille, riche de cette diversité et de ce melting-pot. Nous avons grandi avec cet état d'esprit-là, celui de l'ouverture à l'autre, sans s'attarder sur son origine. Nous ne nous sommes jamais posé la question de savoir si nos amis étaient noirs ou blancs, catholiques, juifs ou musulmans, français, algériens ou espagnols. On retrouve cette ouverture au monde dans notre univers artistique. Il y a déjà trop de frontières et de divisions sur cette planète, et la musique est un des rares langages universels qui permettent de s'en affranchir, pour ceux qui sont prêts à tendre l'oreille ou la main. À notre époque de crispation identitaire et de replis nationalistes, la musique peut être l'antidote à la haine et à la peur de l'autre.

Nous avons coutume de dire que dans la vie, il faut regarder le pare-brise et ne pas rester les yeux rivés sur le rétroviseur. Pour construire un avenir libéré des fantômes du passé, il est néanmoins capital de connaître celui-ci. Ainsi que notre véritable histoire, sans tomber dans la nostalgie d'un passé fictif idéalisé. Nous l'expliquons dans *Rigamortis* : « *Ce n'était pas mieux avant, c'était bien plus violent / Y'avait déjà les politicards cyniques au volant / Chaque année c'était la fin, c'était la crise / Ton passé idéal gît là : Rigamortis* ». L'Histoire, ce sont des leçons. Un exemple parmi d'autres ? La question du Kurdistan. Les puissances impériales anglaise et française ont découpé à la règle les décombres de l'Empire ottoman au Moyen-Orient, oubliant au passage les Kurdes. Un siècle plus tard, une partie des conflits qui agitent la région est directement liée à cela, et nous en parlions déjà en 2003 sur *Armes de distraction massive*, et même dix ans plus tôt dans *J'aurais pu croire* : « *J'aurais pu croire l'Occident si / Tous ces pays n'avaient eu de colonies / Et lors de l'indépendance ne les avaient découpés comme des tartes / Aujourd'hui il y a des guerres à cause des problèmes de cartes* ».

L'histoire écrite par les vainqueurs est souvent biaisée, tronquée et simplifiée à outrance. Et si l'enchaînement des faits historiques est souvent plus complexe qu'il n'y paraît, la logique de cause à effet y est implacable. Notre vision de l'Histoire ne peut être que celle de l'humanité tout entière, des premières civilisations jusqu'à l'époque moderne. Une histoire borgne qui ne raconterait que la vie des rois ou la gloire des tyrans ne permettrait pas de comprendre le monde d'aujourd'hui. Notre présent ne peut être décodé que s'il est mis en perspective avec notre passé. L'air du temps, avec son flot ininterrompu de nouvelles déconnectées les unes des autres, entretient une confusion terrible : sans vision de l'histoire à long terme, on confond les causes et les effets, et il devient impossible d'appréhender la réalité qui nous entoure.

Notre société navigue à vue, de clash en buzz, de bagarre de rue en déclaration de guerre sur Twitter. Et qu'advient-il d'une civilisation dont la culture et l'art ne seraient que des produits de consommation jetables et sans avenir ? Comment créer du lien et construire un projet de société inclusive sans partager une histoire et des valeurs communes ? Alors qu'IAM ou d'autres artistes valorisent ce qui nous rassemble plutôt que ce qui nous divise, un discours pseudo-universaliste, européo-centré et néoréactionnaire nous accuse de communautarisme. Mais face à l'assignation, à la relégation, aux inégalités et aux injustices qui s'aggravent depuis des décennies, la solidarité est avant tout une question de survie. Un véritable climat de peur et de division est entretenu sur les réseaux sociaux et dans les grands médias par des politiciens et de pseudo-experts de l'info. Comment contrebalancer ces torrents de haine déversés quotidiennement par des éditorialistes réactionnaires ?

Nous ne sommes pas des politiques, et notre parole est nettement moins médiatisée que la leur. Pourtant, nous proposons une autre vision de la société, en quête d'un projet constructif plutôt que destructif, d'une ouverture plutôt que d'une fermeture, tout simplement. Et même si nous savons que notre musique ne changera pas à elle seule le cours de l'Histoire, nous gardons le rêve d'un monde meilleur pour nos enfants. Si nous pouvons encore éveiller quelques consciences et encourager l'empathie et la cohésion dans notre humanité fragmentée, ce sera notre pierre à l'édifice.

REPÈRES CHRONOLOGIQUES

1980

– Découverte de la scène hip-hop new-yorkaise par DJ Kheops et Akhenaton à travers la radio.

1984

– 1er voyage d'Akhenaton à New York.

– Akhenaton et Kheops fondent avec trois autres personnes un premier groupe, Lively Crew.

1987

– Shurik'n et Akhenaton se croisent au métro La Rose et échangent sur leurs textes. Shurik'n rejoint Akhenaton et Kheops au sein du groupe B-Boy Stance.

1988

– B-Boy Stance devient IAM.

– Première rencontre avec Imhotep à la Maison Hantée, qui rejoint le groupe peu après.

1989

– Kephren et Freeman intègrent le groupe en tant que danseurs.

– ***Concept***, cassette d'une heure et treize morceaux. 1er album autoproduit. Premier projet de cette ampleur dans l'histoire du rap français.

1990

– Concert d'inauguration du Virgin Megastore de Marseille.

– 1res parties des trois concerts de Madonna à Bercy (Paris) et à Nice.

– 1re partie de Public Enemy à Marseille.

1991

– ***...de la planète Mars***, 2e album, sorti chez Labelle Noir.

– 1res parties des concerts de James Brown à Marignane et Biarritz.

1993

– Sortie de l'EP *Donne-moi le micro.*

– ***Ombre est lumière***, 3e album studio, premier double album de l'histoire mondiale du rap.

1994

– *Je danse le mia* devient n° 1 des ventes de singles en France durant plusieurs mois.

1995

– *Métèque et mat*, 1er album solo d'Akhenaton.

– La *25e image* (BOF *La Haine*)

– Victoire de la musique du Meilleur groupe de l'année.

– Création de la société de production et d'édition Côté obscur.

1997

– ***L'École du micro d'argent***, 4e album studio, vendu à plus de 1,6 million d'exemplaires (chiffre de 2018).

– *Sad hill*, album collaboratif produit par Kheops.

– Réalisation artistique par Akhenaton de plus de la moitié de l'album *Les Tentations* de Passi.

– Tournée L'École du micro d'argent.

1998

– Victoire de la musique du Meilleur album de l'année (*L'École du micro d'argent*).

– *Chroniques de Mars*, album collaboratif, et *Blue print,* produit par Imhotep.

– Production de l'album *C'est ma cause* de Faf Larage chez Kif Kif (société de production d'Imhotep).

– *Où je vis*, 1er album solo de Shurik'n.

– Production et édition chez Côté obscur de l'album *Si Dieu veut* de la Fonky Family.

– Tournée L'École du micro d'argent.

1999

– Bande originale du film *Taxi*, produite par Côté obscur et réalisée par Akhenaton.

– Victoire de la musique de la Meilleure musique de film de l'année (*Taxi 1*).

– *Cosca team vol. 1*, projet multi-artistes (produit et édité par le label d'Akhenaton La Cosca).

– Production et édition chez Côté obscur de l'album *Hier, aujourd'hui et demain* de 3e Œil.

– Habillage musical d'OM TV par DJ Kheops.

2000

– *Electro Cypher,* album instrumental électro funk réalisé par Akhenaton.

– Film *Comme un aimant*, coréalisé par Akhenaton et Kamel Saleh.

– BOF du film *Comme un aimant* avec Isaac Hayes, Cunnie Williams, Talib Kweli… Album co-composé par Akhenaton et Bruno Coulais et produit par 361 Records, label d'Akhenaton et édité par La Cosca.

– Production exécutive de la BOF de *Taxi 2* par La Cosca.

– *Sad hill impact*, album collaboratif réalisé par Kheops.

– *La Garde*, album de Shurik'n et Faf Larage.

2001

– *Sol invictus*, 2e album solo d'Akhenaton.

– Production et édition de l'album *Mille et un fantômes* des Chiens de paille chez 361 Records et La Cosca.

– *Total Prélude* et *Sad Street* réalisés par Kheops.

– Production et édition de l'album *Art de rue* de la Fonky Family chez Côté obscur.

2002

– *Total Kheops vol. 2* et *Opération Funk vols. 1 & 2* réalisés par DJ Kheops.

– 3e album solo d'Akhenaton, *Black album*.

– Générique du film *Nid de guêpe* interprété, écrit et co-composé par Akhenaton.

– Production et édition de l'album *Block Party* des Psy 4 de la rime chez 361 Records et La Cosca

– *Breakin Beats*, produit par Imhotep.

2003

– ***Revoir un printemps***, 5e album.

– Vinyle *HH History* freestyle feat. Soul Swing.

– Tournée Revoir un Printemps.

2004

– Sortie du DVD *Au cœur d'IAM*.

2005

– Album live *IAM Live au Dôme de Marseille.*

– *Double Chill Burger* d'Akhenaton.

– Habillage du dessin animé *Street football* par Akhenaton.

– Production et édition chez 361 Records et La Cosca des albums *Sincèrement* des Chiens de paille, *Enfants de la lune* des Psy 4 de la rime et *Les derniers seront les premiers* de l'Algérino.

2006

– *Soldats de fortune*, 4e album solo d'Akhenaton produit par 361 Records et édité par La Cosca.

– Production et édition de l'album *De swing et de soul* de Saïd chez 361 Records et La Cosca

– *Cosca team vol. 2*, projet multi-artistes produit par La Cosca suivi d'une tournée « Cosca Team Tour » avec IAM, Psy 4 de la rime, L'Algérino, Veust Lyricist, Bouga, Chiens de paille, DJ Ralph, Hors Pair, Coloquinte…

2007

– *IAM Official mixtape.*

– ***Saison 5***, 6e album.

– *Chroniques de Mars vol. 2*, album collaboratif produit par Imhotep.

– *Opération funk vol. 3 & 4,* réalisés par DJ Kheops.

– Édition chez La Cosca des albums *Puisqu'il faut vivre* de Soprano et *Mentalité pirate* de l'Algérino.

– Tournée Saison 5.

2008

– Concert au pied des pyramides de Gizeh, en Égypte.

– *Retour aux pyramides*, album live du concert en Égypte.
– Habillage musical par Akhenaton et Imhotep de *Groland magzine* sur Canal+.
– Musique publicité Nintendo par Akhenaton.
– Édition chez La Cosca de l'album *Les Cités d'or* des Psy 4 de la rime.
– *Opération funk vol. 5* réalisé par DJ Kheops.

2009
– Émission « Cosca cook » d'Akhenaton sur Cuisine TV.
– *Total Kheops Classic rap* (compilation) réalisé par DJ Kheops.

2010
– *Conte de la frustration*, film original de l'album *Conte de la frustration* réalisé par Akhenaton et Didier D. Daarwin, diffusé sur France 2. Avec Leila Bekti, Amel Bent, Marie Guillard, Nicolas Cazalé, Omar Sy, Fred Testot, Roshdy Zem, Faf Larage, Oxmo...
– Album *Conte de la frustration* d'Akhenaton produit par 361 Records et édité par La Cosca.
– BOF du film *Il reste du jambon ?* par Akhenaton.
– BOF du film *Les Barons* par Imhotep.
– *Opération funk vol. 6* réalisé par DJ Kheops.
– Livre *La Bête du Gevaudan à travers 250 ans d'images* co-écrit par DJ Kheops et Pierre-Yves Garcin.

2011

– Production et édition de l'album *We Luv New York* d'Akhenaton et Faf Larage à La Cosca.

– *Opération Funk vol. 7* réalisé par DJ Kheops.

– Tournée We Luv New York.

2012

– *Tous m'appellent Shu*, 2e album solo de Shurik'n.

– Mixtape *Assassins scribes* avec DJ Daz.

– *Kheper*, album instrumental réalisé par Imhotep.

– Collaboration d'Akhenaton avec Franco Dragon : œuvre « Accroché aux nuages » réalisée pour le spectacle *Décroche la lune* à la Louvière (Belgique).

– Concert *We Luv New York* au High Line Bathrooms NYC.

2013

– *Assassins scribes 2*, mixtape avec DJ Daz.

– ***Arts martiens***, 7e album studio, certifié disque d'or.

– ...***IAM***, 8e album.

– Livre *Le Funk et moi* co-écrit par DJ Kheops et Olivier Cachin.

– Tournée Arts martiens.

– Concert fête de la musique Summerstage à NYC (invité du groupe : Rakim).

2014

– *Je suis en vie*, 5e album solo d'Akhenaton.

– *Kheper Dub*, album instrumental d'Imhotep.

– Tournée « Art martiens » : concerts en France, Europe, Chine et Nouvelle-Calédonie.

2015

– Victoire de la musique : Prix d'honneur des 30 ans de carrière.

– Victoire de la musique du Meilleur album de l'année musique urbaine (*Je suis en vie*).

– Akhenaton commissaire aux comptes de l'exposition « Du Bronx aux rues arabes » à l'Institut du monde arabe.

– Musique pour Coca-Cola *Vivre maintenant* interprétée, écrite et co-composée par Akhenaton.

– Tournée US.

2016

– Participation de Shurik'n à l'album *Adamantium*.

– Grand prix Sacem du Meilleur groupe de musique urbaine.

– Habillage musical de la publicité Jeep Renegade par Akhenaton.

2017

– ***Rêvolution***, 9e album studio.

– Collaboration avec Netflix pour la série *Iron Fist* sur le clip du titre *Bien plus beau*.

– Habillage musical du dessin animé *Max & Maestro* par Akhenaton.

– Tournée L'École du micro d'argent.

– Participation d'Imhotep à la BO du film Le Crime des Anges.

2018

– Tournée L'École du micro d'argent – Tournée US et concert au Japon.

2019

– ***Yasuke***, 10e album studio.

– Prix professionnel CSDEM – Prix d'honneur.

2020

– Rap Warrior Tour.

CRÉDITS DES ŒUVRES CITÉES
(par ordre d'apparition dans le livre)

ENTRE LA PIERRE ET LA PLUME
Extrait de l'album *Soldats de fortune*
Akhenaton Feat Shurik'n
Akhenaton – Shurik'n / Akhenaton
Éditions La Cosca

ONCE UPON A TIME
Extrait de l'album *Yasuke* – IAM Feat JMK$
Akhenaton – Shurik'n – JMK$ / Akhenaton – HAL
Arrangeur toutes destinations : DJ Kheops
Éditions Côté Obscur & JMK$ (ECA)

Chapitre CONCEPT

NOBLE ART
Extrait de l'album *Revoir un printemps* – IAM Feat Redman et Method Man
Akhenaton – Shurik'n – Freeman – Method Man – Redman / Akhenaton
Arrangeur toutes destinations : Dj Kheops
Éditions La Cosca, Universal Music Publishing, Wu-tang Publishing & Reggie Noble

I AM CONCEPT
Extrait de l'album *…de la planète Mars* – IAM
Akhenaton – Shurik'n / Akhenaton –
DJ Kheops – Imhotep
Éditions BMG Rights Management (France)
& Côté Obscur

DEBOUT LES BRAVES
Extrait de l'album *Arts martiens* – IAM
Akhenaton – Shurik'n / Imhotep
Arrangeur toutes destinations : DJ Kheops
Éditions Côté Obscur & Marcel Aube (ECA)

LA PART DU DÉMON
Extrait de l'album *Arts martiens* – IAM
Akhenaton – Shurik'n / Akhenaton – Alain Baumgarten
Arrangeur toutes destinations : DJ Kheops
Éditions Côté Obscur & Alain Baumgarten (ECA)

MC, TU PERDS TON SANG-FROID
Extrait de l'album *Yasuke* – IAM
Akhenaton – Shurik'n / Akhenaton
Arrangeur toutes destinations : DJ Kheops
Éditions Côté Obscur

L'ÉCHANTILLON
Extrait de l'album *Ombre est lumière* – IAM
Akhenaton – Shurik'n – Imhotep – DJ kheops
Éditions BMG Rights Management (France)
& Côté Obscur

LE SLOW DE LAI T'ES
Extrait de l'album *Ombre est lumière* – IAM
Akhenaton – Shurik'n – Imhotep – DJ kheops
Éditions BMG Rights Management (France)
& Côté Obscur

ATTENTAT II
Extrait de l'album *Ombre est lumière* – IAM
Akhenaton – Shurik'n / Akhenaton –
Shurik'n – Imhotep – DJ kheops
Éditions BMG Rights Management (France)
& Côté Obscur

RAP STRICT
Extrait de la Mixtape Officielle – IAM
Akhenaton – Shurik'n / Akhenaton
Éditions La Cosca

OMOTESANDO

ATTENTAT
Extrait de l'album *...de la planète Mars* – IAM
Akhenaton – Shurik'n / Akhenaton –
DJ Kheops – Shurik'n – Imhotep
Éditions BMG Rights Management (France)
& Côté Obscur

QUAND TU ALLAIS, ON REVENAIT
Extrait de l'album *L'École du micro d'argent* – IAM
Akhenaton – Shurik'n / Imhotep
Arrangeur toutes destinations : DJ Kheops
Éditions BMG Rights Management (France)
& Côté Obscur
Contient un sample de l'œuvre « Memphis In June »
(Carmichael/Webster)

LAISSEZ-NOUS DANSER
Extrait de l'album *Ombre est lumière* – IAM
Shurik'n / Shurik'n – Imhotep
Éditions BMG Rights Management (France)
& Côté Obscur

COMPLEXE
Akhenaton / Akhenaton
Éditions BMG Rights Management (France)
& La Cosca

LA TENSION MONTE
Extrait de l'album *...de la planète Mars* – IAM
Akhenaton – Shurik'n / Akhenaton –
DJ Kheops – Shurik'n – Imhotep
Éditions BMG Rights Management (France)
& Côté Obscur

MARS CONTRE-ATTAQUE
Extrait de l'album *Ombre est lumière* – IAM
Akhenaton – Shurik'n / Akhenaton –

DJ Kheops – Imhotep
Éditions BMG Rights Management (France)

W. W
Extrait de l'album *Saison 5* – IAM
Akhenaton – Shurik'n / Imhotep
Arrangeur toutes destinations : DJ Kheops
Éditions La Cosca & Imhotep (ECA)

LE COMBAT SANS FIN
Extrait de *the Cut Killer Show*
Akhenaton – Shurik'n / Akhenaton

AUSSI LOIN QUE L'HORIZON
Extrait de l'album *Revoir un printemps* – IAM
Akhenaton – Shurik'n – Freeman / Akhenaton
Arrangeurs toutes destinations : DJ Kheops
& Bruno Coulais
Éditions La Cosca

CONTRAT DE CONSCIENCE
Extrait de l'album *Ombre est lumière* – IAM
Akhenaton – Shurik'n / Akhenaton – Imhotep
Éditions BMG Rights Management (France)

RÊVOLUTION
Extrait de l'album *Rêvolution* – IAM
Akhenaton – Shurik'n / Imhotep – Akhenaton

Arrangeur toutes destinations : DJ Kheops
Éditions Côté Obscur

REMEMBER
Extrait de l'album *Yasuke* – IAM
Akhenaton – Shurik'n – Femi Kuti / Imhotep –
Femi Kuti
Éditions Côté Obscur
& BMG Rights management (France)

COMME À CHAQUE FOIS
Extrait de l'album Adamant-ium
Akhenaton – Jnoun – Samm – Shurik'n / Samm
Éditions La Cosca – Jnoun (ECA) –
Samm (ECA) – Shurik'n (ECA)

DEMAIN C'EST LOIN
Extrait de l'album *L'École du micro d'argent* – IAM
Akhenaton – Shurik'n / Shurik'n – Imhotep
Arrangeur toutes destinations : DJ Kheops
Éditions BMG Rights Management (France)
& Côté Obscur

L'AIMANT
Extrait de l'album *Ombre est lumière* – IAM
Akhenaton / Akhenaton – Imhotep
Éditions BMG Rights Management (France)
& Côté Obscur

HOLD UP MENTAL
Extrait de l'album *...de la planète Mars* – IAM
Akhenaton – Shurik'n / Akhenaton –
DJ Kheops – Imhotep – Shurik'n
Éditions BMG Rights Management (France)
& Côté Obscur

VOS DIEUX ONT LES MAINS SALES
Extrait de l'album *Ombre est lumière* – IAM
Shurik'n / Shurik'n – Imhotep
Éditions BMG Rights Management (France)
& Côté Obscur

MANIFESTE
Extrait de l'album *Où je vis* – Shurik'n Feat Akhenaton
Akhenaton – Shurik'n / Shurik'n
Éditions BMG Rights Management (France),
La Cosca & Côté Obscur

COSMOS
Extrait de l'album *Ombre est lumière* – IAM
Akhenaton – Shurik'n / Akhenaton – Imhotep
Éditions BMG Rights Management (France)
& Côté Obscur

LE 7
Extrait de l'album *Ombre est lumière* – IAM
Akhenaton / Akhenaton – Imhotep
Éditions BMG Rights Management (France)
& Côté Obscur

RAP WARRIOR
Extrait de l'album *Yasuke* – IAM
Akhenaton – Shurik'n / Imhotep
Arrangeur toutes destinations : DJ Kheops
Éditions Côté Obscur

RENAISSANCE
Extrait de l'album *...IAM* – IAM
Akhenaton – Shurik'n / Faf Larage – Sébastien Damiani
Arrangeurs toutes destinations : DJ Kheops & Dj Daz
Éditions Côté Obscur

Chapitre FAMILLE IAM

Extrait du film *Comme un aimant*
« Ta famille tu ne *la choisis pas, Mais les gens avec qui tu décides de vivre, Ça tu le choisis »*

ONCE UPON A TIME

DERNIER COUP D'ÉCLAT
Extrait de l'album *Arts martiens* – IAM
Akhenaton – Shurik'n / Akhenaton – Sébastien Damiani – Faf Larage
Arrangeur toutes destinations : DJ Kheops
Éditions Côté Obscur

FUCK LE REFRAIN
Extrait de l'album *...IAM* – IAM
Akhenaton / Buddah Kriss & Oliver
Arrangeurs toutes destinations : DJ Kheops – Imhotep
Éditions Côté Obscur

OMOTESANDO
Extrait de l'album *Yasuke* – IAM
Akhenaton – Shurik'n / Akhenaton
Arrangeur toutes destinations : DJ Kheops
Éditions Côté Obscur

I AM CONCEPT

LES RAISONS DE LA COLÈRE
Extrait de l'album *Arts martiens* – IAM
Akhenaton – Shurik'n / Dance
Arrangeur toutes destinations : DJ Kheops
Éditions Côté Obscur

LE SHIT SQUAD
Réédition Ombre est lumière – IAM
Akhenaton – Shurik'n / Imhotep
Éditions BMG Rights Management (France)
& Côté Obscur

ELVIS
Extrait de l'album *Ombre est lumière* – IAM
Akhenaton – Shurik'n / Imhotep – Akhenaton

Éditions BMG Rights Management (France)
& Côté Obscur

MOSAÏQUE
Extrait de l'album *Yasuke* – IAM
Akhenaton – Shurik'n / HAL
Arrangeur toutes destinations : DJ Kheops
Éditions Côté Obscur

ENTRE LA PIERRE ET LA PLUME
Extrait de l'album *Soldats de fortune*
Akhenaton Feat Shurik'n
Akhenaton – Shurik'n / Akhenaton
Éditions La Cosca

SPARTIATE SPIRIT
COSCA CREW PARTY
Extrait la *Mixtape La Cosca Team*
Akhenaton – Shurik'n / Akhenaton
Éditions La Cosca

Chapitre CINÉMA

L'ENFER
Extrait de l'album *L'École du micro d'argent* – IAM Feat East & Fabe
Akhenaton – Shurik'n – East – Fabe / Imhotep – Akhenaton – Shurik'n – DJ Kheops

Éditions BMG Rights Management (France), Unik. Ed & Côté Obscur

SOMBRES MANŒUVRES, MANŒUVRES SOMBRES

Extrait de l'album *Arts martiens* – IAM
Akhenaton – Shurik'n / Imhotep – Marcel Aube
Arrangeur toutes destinations : DJ Kheops
Éditions Côté Obscur & Marcel Aube (ECA)

APRÈS LA FÊTE

Extrait de l'album *Arts martiens* – IAM
Akhenaton – Shurik'n / Akhenaton – Sébastien Damiani
Éditions Côté Obscur

MARVEL

Extrait de l'album *Arts martiens* – IAM
Akhenaton – Shurik'n / Samm – Sébastien Damiani – Faf Larage – Aymen
Arrangeur toutes destinations : DJ Kheops
Éditions Côté Obscur

QUI EST ?

Extrait de l'album *Yasuke* – IAM
Akhenaton – Shurik'n / Amine Edge & Dance
Arrangeur toutes destinations : DJ Kheops
Éditions Côté Obscur & Kaa Production

L'EMPIRE DU CÔTÉ OBSCUR
Extrait de l'album *L'École du micro d'argent* – IAM
Akhenaton – Shurik'n / Imhotep – Akhenaton
Arrangeur toutes destinations : DJ Kheops
Éditions BMG Rights Management (France), Delabel
Editions & Côté Obscur
Contient un sample de l'œuvre « The plot unfolds »
(Preskett) éditée par Fireworks Music LTD

SAMOURAÏ
Extrait de l'album *Où je vis* – Shurik'n
Shurik'n / Shurik'n
Éditions BMG Rights Management (France)
& Côté Obscur
Contient un sample de l'oeuvre « Le Jouet » de Bruno
Coulais, Éditions la Marguerite

LE SECRET DES MICROS VIOLENTS
Extrait de la Mixtape Officielle 2006 – IAM
Akhenaton – Freeman / Akhenaton
Éditions La Cosca

SAD HILL
Extrait de l'album *Sad Hill* – IAM
Akhenaton – Shurik'n – Freeman / DJ Kheops
Éditions BMG Rights Management (France),
La Cosca & Côté Obscur
Contient un sample de l'œuvre
« Sixty Seconds To What » (Morricone)

UN BON SON BRUT POUR LES TRUANDS
Extrait de l'album *L'École du micro d'argent* – IAM
Akhenaton – Shurik'n –
Freeman / Imhotep – Akhenaton – DJ Kheops
Éditions BMG Rights Management (France),
La Cosca & Côté Obscur

BANG BANG
Extrait de l'album *Ombre est lumière* – IAM
Akhenaton – Shurik'n – n° 7 –
Stabe / Akhenaton – DJ Kheops –
Imhotep
Éditions BMG Rights Management (France)
& Côté Obscur

DEMAIN C'EST LOIN

MUSIK
Extrait de l'album *...IAM* – IAM Feat Saïd
Akhenaton – Shurik'n – Saïd / Akhenaton
Arrangeurs toutes destinations : DJ Kheops –
Sébastien Damiani
Éditions Côté Obscur

Chapitre LANGUE & ARGOT

SALE ARGOT
Extrait de la Mixtape Officielle 2006 – IAM
Akhenaton – Shurik'n / Akhenaton
Éditions La Cosca

LES MOTS
Inédit album *Arts martiens* – IAM
Akhenaton – Shurik'n / Samm
Arrangeur toutes destinations : DJ Kheops
Éditions Côté Obscur

LA MÉTHODE MARSIMIL
Extrait de l'album *Ombre est lumière* – IAM
Akhenaton – Shurik'n – DJ Kheops – Imhotep
Éditions BMG Rights Management (France)
& Côté Obscur

PAUSE
Extrait de l'album *Revoir un printemps* – IAM
Akhenaton – Shurik'n – Freeman / Imhotep
Arrangeur toutes destinations : DJ Kheops
Éditions La Cosca & Sony ATV Music Publishing France

BAD BOYS DE MARSEILLE VERSION SAUVAGE
Inédit single Bad Boys de Marseille – Akhenaton feat
Shurik'n, la Fonky Family & Bruizza
Akhenaton – Shurik'n – Ali Mohammed, Carmona
Christophe, Dilhan François – Haddouche Karim –
Bruizza / Akhenaton
Éditions BMG Rights Management (France),
Côté obscur & La Cosca
Contient un sample de l'œuvre « The Newness Is Gone »
(Allan Wayne Felder / Norman Ray Harris)

IL FAUT TAPER
Inédit de l'album *L'École du micro d'argent* – IAM
Akhenaton – Shurik'n / Imhotep –
Akhenaton – DJ Kheops
Éditions BMG Rights Management (France)
& Côté Obscur

JE DANSE LE MIA
Extrait de l'album *Ombre est lumière* – IAM
Akhenaton – Rod Temperton / Akhenaton –
Imhotep – Rod Temperton
Éditions BMG Rights Management (France) & Rodsongs

UN BON SON BRUT POUR LES TRUANDS
L'ÉCOLE DE SAMBA
Extrait de l'album *Soldats de fortune*
Akhenaton Feat Shurik'n
Akhenaton – Shurik'n / Akhenaton
Éditions La Cosca

L'ULTRA MIA
Inédit *Ombre est lumière* – IAM
Akhenaton / Akhenaton – Imhotep
Éditions BMG Rights Management (France)
& Côté obscur

TIENS
Extrait de l'album *Revoir un printemps* – IAM
Akhenaton – Shurik'n – Freeman / Imhotep
Arrangeurs toutes destinations : DJ Kheops
& Bruno Coulais
Éditions La Cosca

DERNIER COUP D'ÉCLAT

ELLE DONNE SON CORPS
Extrait de l'album *L'École du micro d'argent* – IAM
Akhenaton – Shurik'n / Imhotep
Arrangeur toutes destinations : DJ Kheops
Éditions BMG Rights Management (France)
& Côté Obscur

ÇA VIENT DE LA RUE
Extrait de l'album *Saison 5* – IAM
Akhenaton – Shurik'n – Freeman / Imhotep
Arrangeur toutes destinations : DJ Kheops
Éditions La Cosca & Imhotep (ECA)

RAP WARRIOR

QUI EST ?

DEMAIN C'EST LOIN

CHEZ LE MAC
Extrait de l'album *L'École du micro d'argent* – IAM
Akhenaton – Shurik'n / Shurik'n – Imhotep
Arrangeur toutes destinations : DJ Kheops
Éditions BMG Rights Management (France)
& Côté Obscur

SOMBRES MANŒUVRES, MANŒUVRES SOMBRES

MURS
Extrait de l'album *Revoir un printemps* – IAM
Akhenaton – Shurik'n – Freeman / Akhenaton
Arrangeurs toutes destinations : DJ Kheops
& Bruno Coulais
Éditions La Cosca

BANG BANG

DANGEREUX
Extrait de l'album *L'École du micro d'argent* – IAM
Akhenaton – Shurik'n / Akhenaton – Imhotep
Arrangeur toutes destinations : DJ Kheops
Éditions BMG Rights Management (France)
& Côté Obscur

MARS CONTRE-ATTAQUE

DEBOUT LES BRAVES

GÉOMÉTRIE DE L'ENNUI
Extrait de l'album ...*IAM* – IAM
Akhenaton – Shurik'n / Akhenaton – Sébastien Damiani
Arrangeur toutes destinations : DJ Kheops
Éditions Côté Obscur

YASUKE
Extrait de l'album *Yasuke* – IAM
Akhenaton – Shurik'n / Imhotep
Arrangeur toutes destinations : DJ Kheops
Éditions Côté Obscur

Chapitre LE HIP HOP & LE MONDE

BOUGER LA TÊTE
Extrait de l'album *L'École du micro d'argent* – IAM
Akhenaton – Shurik'n / Imhotep
Arrangeur toutes destinations : DJ Kheops
Éditions BMG Rights Management (France)
& Côté Obscur

DEPUIS LONGTEMPS
Extrait de l'album *Rêvolution* – IAM
Akhenaton – Shurik'n / Imhotep
Arrangeur toutes destinations : DJ Kheops
Éditions Côté Obscur

LA TENSION MONTE

PLANÈTE MARS
Extrait de l'album ...d*e la planète Mars* – IAM
Akhenaton / Akhenaton – Imhotep
Éditions BMG Rights Management (France)
& Côté Obscur

UN JOUR TU PLEURES, UN JOUR TU RIS
Extrait de l'album *Ombre est lumière* – IAM
Shurik'n / Shurik'n – Imhotep
Éditions BMG Rights Management (France)
& Côté Obscur

ACHEVEZ-MOI
Extrait de l'album *Ombre est lumière* – IAM
Akhenaton – Shurik'n – Imhotep / Akhenaton
– DJ Kheops – Shurik'n – Imhotep
Éditions BMG Rights Management (France)
& Côté Obscur

ORTHODOXES
Extrait de l'album *Rêvolution* – IAM
Akhenaton – Shurik'n / Akhenaton
Arrangeur toutes destinations : DJ Kheops
Éditions Côté Obscur

LA FIN DE LEUR MONDE
Extrait de l'album *Soldats de fortune*
Akhenaton Feat Shurik'n

Akhenaton – Shurik'n / Akhenaton
Éditions La Cosca

ILS NE SAVENT PAS
Extrait de l'album *Rêvolution* – IAM
Akhenaton – Shurik'n / Imhotep
Arrangeur toutes destinations : DJ Kheops
Éditions Côté Obscur

BROOKLYN TO MARSEILLE
Extrait de *Think Differently two* produit
par Dreddy Kruger
Akhenaton / 9th Wonder

QUAND TU ALLAIS, ON REVENAIT

W. W

MARVEL

HIP HOP VILLE
Extrait de l'album *Saison 5* – IAM
Akhenaton – Shurik'n / Akos – DJ Spank
Arrangeur toutes destinations : DJ Kheops
Éditions La Cosca, Universal Music Publishing
& French Beats Int

TU LE SAIS PART I & II
Extrait de l'album *Saison 5* – IAM
Akhenaton – Shurik'n / Akhenaton
Arrangeur toutes destinations : DJ Kheops
Éditions La Cosca
Part I contient un sample de l'œuvre « Take just as I am
(James Brown) éditée par Dynatone Publishing Company

LA SAGA
Extrait de l'album *L'École du micro d'argent* – IAM Feat
Sunz of Man
Akhenaton – Shurik'n – Timbo King –
Dreddy Kruger / Imhotep – DJ Kheops
Éditions BMG Rights Management (France), Delabel
Editions & Côté Obscur

JE VOULAIS DIRE
Extrait de *Black Album* – Akhenaton
Akhenaton / Akhenaton – Bruno Coulais
Éditions La Cosca

LIFE I LIVE
Extrait de l'album *Rêvolution* – IAM Feat Tyler Woods
Akhenaton – Shurik'n – Tyler Woods / Akhenaton
Arrangeur toutes destinations : DJ Kheops
Éditions Côté Obscur – Tyler Woods JR Publishing

BENKEI ET MINAMOTO
Extrait de l'album *Arts martiens* – IAM
Akhenaton – Shurik'n / Imhotep

Arrangeur toutes destinations : DJ Kheops
Éditions Côté Obscur

SELF MADE MEN
Extrait de l'album *Yasuke* – IAM Feat Psy 4 de la rime
Akhenaton – Shurik'n – Alonzo – Vincenzo –
Soprano / Akhenaton – Cehashi
Arrangeurs toutes destinations : DJ Kheops & Sya Styles
Éditions Côté Obscur, Only Pro, Big Five,
Warner Chappell Music Publishing,
EMI Music publishing & Némésis Musek

RIGAMORTIS
Extrait de l'album *Rêvolution* – IAM
Akhenaton – Shurik'n / Imhotep – Akhenaton
Arrangeur toutes destinations : DJ Kheops
Éditions Côté Obscur

RAP DE DROITE
Extrait de l'album *Saison 5* – IAM
Akhenaton – Shurik'n / Akos – DJ Spank
Éditions La Cosca, Universal Music Publishing
& French Beats Int

QUI EST ?

Chapitre DOMINATION & RACISME

MONNAIE DE SINGE
Extrait de l'album *Rêvolution* – IAM
Akhenaton – Shurik'n / Akhenaton
Arrangeur toutes destinations : DJ Kheops
Éditions Côté Obscur

NON SOUMIS À L'ÉTAT
Extrait de l'album *...de la planète Mars* – IAM
Akhenaton – Shurik'n / Akhenaton –
Imhotep – Shurik'n – Dj Kheops
Éditions BMG Rights Management (France)
& Côté Obscur

NÉS SOUS LA MÊME ÉTOILE
Extrait de l'album *L'École du micro d'argent* – IAM
Akhenaton – Shurik'n / Akhenaton – Imhotep
Arrangeur toutes destinations : DJ Kheops
Éditions BMG Rights Management (France) & Côté Obscur

OFFISHALL
Extrait de l'album *Saison 5* – Iam
Akhenaton – Shurik'n / Imhotep
Arrangeur toutes destinations : DJ Kheops
Éditions La Cosca, Imhotep (ECA)

QUE FAIT LA POLICE ?
Extrait de l'album *...IAM* – IAM
Akhenaton – Shurik'n / Faf Larage – Sébastien Damiani

Arrangeur toutes destinations : DJ Kheops
Éditions Côté Obscur

GÉOMÉTRIE DE L'ENNUI

GRANDS RÊVES, GRANDES BOÎTES
Extrait de l'album *Rêvolution* – IAM
Akhenaton – Shurik'n / Denis Thery – Akhenaton
Arrangeur toutes destinations : DJ Kheops
Éditions Côté Obscur

ENTRE LA PIERRE ET LA PLUME

21/04
Extrait de l'album *Revoir un printemps* – IAM
Akhenaton – Shurik'n – Freeman / Akhenaton
Arrangeur toutes destinations : DJ Kheops
Éditions La Cosca

OUAIS C'EST ÇA
Extrait de l'album *...IAM* – IAM
Akhenaton – Shurik'n / Akhenaton
Arrangeur toutes destinations : DJ Kheops
Éditions Côté Obscur

TOUS LES SAINTS DE LA TERRE
Extrait de l'album *Arts martiens* – IAM
Akhenaton – Shurik'n / Imhotep

Arrangeur toutes destinations : DJ Kheops
Éditions Côté Obscur

RAP WARRIOR

MÉDAILLES
Extrait de l'album *...IAM* – IAM
Akhenaton – Shurik'n / Akhenaton – Sébastien Damiani
Éditions Côté Obscur

PAIN AU CHOCOLAT
Extrait de l'album *Arts martiens* – IAM
Akhenaton – Shurik'n / Faf Larage – Sébastien Damiani
Arrangeur toutes destinations : DJ Kheops
Éditions Côté Obscur

LA FIN DE LEUR MONDE

ARMES DE DISTRACTION MASSIVE
Extrait de l'album *Revoir un printemps* – IAM
Akhenaton – Shurik'n – Freeman / Shurik'n
Arrangeurs toutes destinations : DJ Kheops – Imhotep
Éditions La Cosca

ORTHODOXES

LA RÉALITÉ
Inédit de l'album *L'École du micro d'argent* – IAM
Akhenaton / Akhenaton
Éditions BMG Rights management (France) & La Cosca

UNITED
Extrait de l'album *Saison 5* – IAM
Akhenaton – Shurik'n / Akos & DJ Spank
Arrangeur toutes destinations : DJ Kheops
Éditions La Cosca, Universal Music Publishing
& French Beats Int

C'EST DONC ÇA NOS VIES
Extrait de la BOF *Ma cité va craquer* – IAM
Akhenaton – Shurik'n – Freeman / Mike Kourtzer
Éditions BMG Rights Management (France), La Cosca,
Crepuscule & Côté Obscur

NOS HEURES DE GLOIRE
Extrait de l'album *Saison 5* – IAM
Akhenaton – Shurik'n – Freeman / Akhenaton
Arrangeur toutes destinations : DJ Kheops
Éditions La Cosca

DANGEREUX

Chapitre INDIVIDUALISME

LE TRAIN DE L'ARGENT
Extrait de l'album *Yasuke* – IAM
Akhenaton – Shurik'n / Akhenaton
Arrangeur toutes destinations : DJ Kheops
Éditions Côté Obscur

MWA
Inédit album *Arts martiens* – IAM
Akhenaton – Shurik'n / Akhenaton
Arrangeur toutes destinations : DJ Kheops
Éditions Côté Obscur

ON VA TOUS LES ZINGUER
Extrait de l'album *Yasuke* – IAM
Akhenaton – Shurik'n / Amine Edge & Dance
Arrangeur toutes destinations : DJ Kheops
Éditions Côté Obscur & Kaa Production

REMEMBER

BIENVENUE
Extrait de l'album *Revoir un printemps* – IAM Feat Beyonce
Akhenaton – Shurik'n –
Hines Dohnyale Sharon / Akhenaton
Arrangeur toutes destinations : Bruno Coulais
Éditions La Cosca & Bitchin Music Production PTY

C*A*S*H
Extrait de l'album *...IAM* – IAM
Akhenaton – Shurik'n / Imhotep
Arrangeur toutes destinations : DJ Kheops
Éditions Côté Obscur

C'EST DONC ÇA NOS VIES

J'AURAIS PU CROIRE
Extrait de l'album *Ombre est lumière* – IAM
Akhenaton / Imhotep – Akhenaton
Éditions BMG Rights Management (France)
& Côté Obscur

LA 25e IMAGE
Extrait de BOF La Haine – IAM Feat Daddy Nuttea
Akhenaton – Shurik'n – Daddy Nuttea / Imhotep
– Akhenaton – Dj kheops
Éditions BMG Rights Management (France)
& Côté Obscur

RIEN DE PERSONNEL
Extrait de l'album *Saison 5* – IAM
Akhenaton – Shurik'n / Hal
Éditions La Cosca

PEINES PROFONDES
Extrait de l'album *...IAM* – IAM
Akhenaton – Shurik'n / Imhotep
Arrangeur toutes destinations : Sébastien Damiani
Éditions Côté Obscur

ORTHODOXES

PETIT FRÈRE
Extrait de l'album *L'École du micro d'argent* – IAM
Akhenaton – Shurik'n / Akhenaton – Imhotep
Arrangeur toutes destinations : DJ Kheops
Éditions BMG Rights Management (France)
& Côté Obscur
Contient un sample de l'œuvre « Blue Road »
(Gary Sandeur)

L'ENFER

CQFD
Extrait de l'album *...IAM* – IAM
Akhenaton – Shurik'n / Akhenaton – Sébastien Damiani
Éditions Côté Obscur

REGARDE
Extrait de l'album *L'École du micro d'argent* – IAM
Akhenaton – Shurik'n / Imhotep – Akhenaton
Éditions BMG Rights Management (France)
& Côté Obscur

Contient un sample de l'oeuvre « Serena E Lomunno »
(Ortolani)

UN CRI COURT DANS LA NUIT
Extrait de l'album *L'École du micro d'argent* – IAM
Feat Daddy Nuttea
Akhenaton – Shurik'n – Daddy Nuttea / Imhotep
Arrangeur toutes destinations : DJ Kheops
Éditions BMG Rights Management (France)
& Côté Obscur

MON TEXTE LE SAVON
Extrait de l'album *Sol Invictus* – Akhenaton
Akhenaton / Akhenaton
Éditions La Cosca
Contient un sample de l'œuvre « Love them from Romeo and Juliet » (Nino Rota) éditée par Sony ATV Harmony

1 GUN, 2 GUNZ, 3
Extrait de l'album *Rêvolution* – IAM
Akhenaton – Shurik'n / Akhenaton
Arrangeur toutes destinations : DJ Kheops
Éditions Côté Obscur

DEMAIN C'EST LOIN

LA PART DU DÉMON

STRATÉGIE D'UN PION
Extrait de l'album *Revoir un printemps* – IAM
Akhenaton – Shurik'n – Freeman / Akhenaton
Éditions La Cosca
Contient un sample de « Lonely Girl »
(Billy Davis & Sugar Pie De Santo) éditée par Chevis Publishing corp.

BOMBE LE TORSE
Extrait de l'album *Tous m'appellent Shu* – Shurik'n
Shurik'n / GR ! & F
Droits réservés

ONCE UPON A TIME

LES RAISONS DE LA COLÈRE

LES MIENS
Extrait de l'album *Où je vis* – Shurik'n
Shurik'n / Shurik'n
Éditions BMG Rights Management (France) & Côté Obscur

MON ENCRE, SI AMÈRE
Extrait de l'album *Arts martiens* – IAM
Akhenaton – Shurik'n / Imhotep
Arrangeurs toutes destinations : DJ Kheops, Sébastien Damiani
Éditions Côté Obscur

GRANDS RÊVES, GRANDES BOÎTES

RÊVOLUTION

Chapitre MARSEILLE

JE VIENS DE MARSEILLE
Extrait de l'album *...de la planète Mars* – IAM
Akhenaton – Shurik'n / Akhenaton –
DJ Kheops – Shurik'n – Imhotep
Éditions BMG Rights Management (France)
& Côté Obscur

OÙ SONT LES ROSES ?
Extrait de l'album *Ombre est lumière* – IAM
Akhenaton / Akhenaton – DJ Kheops –
Shurik'n – Imhotep
Éditions BMG Rights Management (France)
& Côté Obscur

RAP WARRIOR

MARS CONTRE-ATTAQUE

ONCE UPON A TIME

CQFD

JE DANSE LE MIA

ATTENTAT

INDEPENDENZA
Extrait de l'album *L'École du micro d'argent* – IAM
Akhenaton – Shurik'n –
Freeman / Akhenaton – Imhotep
Arrangeur toutes destinations : DJ Kheops
Éditions BMG Rights Management (France),
La Cosca & Côté Obscur

NOTRE DAME VEILLE
Extrait de l'album *Arts martiens* – IAM
Akhenaton – Shurik'n / Imhotep
Arrangeur toutes destinations : DJ Kheops
& Sébastien Damiani
Éditions Côté Obscur

INTERVIEW
Extrait de l'album *Ombre est lumière* – IAM
Akhenaton – Shurik'n / Akhenaton – Imhotep
Éditions BMG Rights Management (France)
& Côté Obscur

SPARTIATE SPIRIT
Extrait de l'album *Arts martiens* – IAM
Akhenaton – Shurik'n / Imhotep
Arrangeur toutes destinations : DJ Kheops
Éditions Côté Obscur

DEMAIN C'EST LOIN

LE REPOS C'EST LA SANTÉ
Extrait de l'album *Ombre est lumière* – IAM
Akhenaton – Shurik'n / DJ Kheops – Imhotep
Éditions BMG Rights Management (France)
& Côté Obscur

LE FEU
Extrait de l'album Ombre est lumière – IAM
Akhenaton – Shurik'n – Imhotep / Akhenaton – Imhotep
Éditions BMG Rights Management (France)
Contient un sample de l'œuvre Rosamunde »
(Vejdova/Zeman/Reiter/Richter/Brown/Timm)

BAD BOYS DE MARSEILLE PART 2
Extrait de l'album *Métèque et Mat* – Akhenaton feat
Shurik'n & la Fonky Family
Akhenaton – Shurik'n – Sat – Menzo –
Le Rat Luciano – Don Choa / Akhenaton
Éditions BMG Rights Management (France),
Côté obscur & La Cosca

Contient un sample de l'œuvre « The Newness is gone »
(Allan Wayne Felder / Norman Ray Harris)
éditée par Stone Diamond Music Corp

Chapitre D'ICI & D'AILLEURS

I AM CONCEPT

ONCE UPON A TIME

NEW YORK CITY TRANSIT

Extrait de l'album *Sol Invictus* – Akhenaton
Akhenaton / Francis Lai
Éditions La Cosca & 23

FIN DES ILLUSIONS

Extrait de l'album *Yasuke* – IAM Feat Relo, Allen Akino, Veust, R.E.D.K et Faf Larage
Akhenaton – Shurik'n – Relo – Allen Akino – Faf Larage – Veust – R.E.D.K / Akhenaton
Arrangeur toutes destinations : DJ Kheops
Éditions Côté Obscur, Only Pro, Korner Publishing, Allen Akino (ECA), Veust (ECA), & Faf Larage (ECA)

J'AURAIS PU CROIRE

TAM-TAM DE L'AFRIQUE
Extrait de l'album ...de *la planète Mars* – IAM
Shurik'n / Akhenaton – DJ Kheops – Imhotep
– Shurik'n
Éditions BMG Rights Management
(France) & Côté Obscur
Contient un sample de l'œuvre « Pastime Paradise »
(Stevie Wonder)

LIBÈRE MON IMAGINATION
Extrait de l'album *l'École Du Micro D'argent* – IAM
Akhenaton – Shurik'n / Akhenaton – Imhotep
Arrangeur toutes destinations : DJ Kheops
Éditions BMG Rights Management (France)
& Côté Obscur

REMEMBER

W. W

REGARDE

PHARAON REVIENT
Extrait de l'album *Ombre est lumière* – IAM
Akhenaton – Shurik'n / Imhotep –
Akhenaton – Shurik'n – DJ kheops
Éditions BMG Rights Management (France)
& Côté Obscur

ONE LUV
Extrait de l'album *Soldats de fortune* – Akhenaton
Akhenaton / Akhenaton
Éditions La Cosca

HOLD UP MENTAL

ILLUMINACHILL
Inédit album *Je suis en vie* – Akhenaton
Akhenaton / Sébastien Damiani & Faf Larage
Éditions La Cosca

BENKEI ET MINAMOTO

QUAND TU ALLAIS, ON REVENAIT

SPARTIATE SPIRIT

UN BON SON BRUT POUR LES TRUANDS
Extrait de l'album *l'École du micro d'argent* – IAM
Akhenaton – Shurik'n –
Freeman / Imhotep – Akhenaton – DJ Kheops
Éditions BMG Rights Management (France),
La Cosca & Côté Obscur

SAMOURAÏ

ILS NE SAVENT PAS

RIGAMORTIS

Album *Soldats de fortune* produit par 361 Records

Albums *...de la planète Mars, Ombre est lumière, L'École du micro d'argent, Sad Hill, Où je vis, Sol invictus, Black Album & Revoir un printemps*, produits par Warner Music France

Albums *Saison 5, Arts martiens, ...IAM, Je suis en vie, Rêvolution, Yasuke*, produits par Universal Music France

Album *Cosca Team* produit par La Cosca

Cet ouvrage a été composé
par Nord Compo à Villeneuve-d'Ascq
et achevé d'imprimer en France
par CPI BRODARD & TAUPIN (72200 La Flèche)
pour le compte des Éditions Stock
21, rue du Montparnasse, 75006 Paris
en septembre 2020

Imprimé en France

Dépôt légal : octobre 2020
N° d'édition : 01 - N° d'impression : 3038202
28-07-9119/3